HISTOIRE

DU

PAYS DE MONTBÉLIARD

A L'USAGE

DE LA JEUNESSE ET DES FAMILLES

PAR

JOHN VIÉNOT

———— ✳ ————

Prix : 2 fr. 50.

———— ✳ ————

AUDINCOURT

IMPRIMERIE PIERRE JUILLARD

1904

HISTOIRE

DU

PAYS DE MONTBÉLIARD

HISTOIRE

DU

PAYS DE MONTBÉLIARD

A L'USAGE

DE LA JEUNESSE ET DES FAMILLES

PAR

JOHN VIÉNOT

———※———

Prix : 2 fr. 50.

———※———

AUDINCOURT

IMPRIMERIE PIERRE JUILLARD

——

1904

PRÉFACE

A la Jeunesse du Pays de Montbéliard.

C'est à vous, jeunes gens de notre cher Pays de Montbéliard, que je dédie ce petit volume. Je désire qu'il vous enseigne à connaître et à aimer votre petite patrie montbéliardaise. Ce sera le bon chemin pour apprendre à connaître, à aimer et servir la France, la grande patrie.

Lisez ce petit livre. Prenez dans le passé ce qu'il pouvait avoir de bon. Laissez-vous instruire par les fautes commises aussi bien que par les bons exemples rencontrés et puis, à votre tour, allez courageusement au devant de la vie, désireux d'être avant tout des hommes et des femmes de bien passionnément épris de vérité, de justice et de progrès dans tous les domaines. Croyez au bien, à la vertu du travail, à la vie et, pour accomplir votre tâche tout entière, confiez-vous surtout à Celui qui reste le Maître des individus comme des nations et restez fidèles à la vieille devise de vos Pères : « En Dieu mon appui ».

John VIÉNOT.

CHAPITRE PREMIER

Notre pays.

Ses premiers habitants. Les Séquanes. Leurs mœurs. Leur religion.

Le pays de Montbéliard, dont nous voulons ici résumer l'histoire, long de douze lieues, large de six, est borné au nord par les Vosges et la Lorraine, à l'est par l'Alsace et la Suisse, à l'ouest et au sud par la Franche-Comté. C'est un pays fertile et agréable. Des collines boisées, des rivières et des ruisseaux, des prés et des bois, des villages où se fait le dur labeur des champs, des vallées et des villes où se pressent des usines florissantes, voilà les spectacles qu'il nous offre. Tel que Dieu nous l'a donné, nous l'aimons, c'est notre pays.

L'âge de la pierre polie.

Les premières traces de la présence de l'homme dans notre pays paraissent contemporaines de l'âge du renne. Ses premiers habitants auraient donc été ces troglodytes qui habitaient les cavernes et les abris des bords du Doubs. On a retrouvé dans les grottes du Chataillon, près Voujaucourt, au Giemont, aux roches de Pâques, des restes de cette période encore bien obscure : grattoirs en silex, pointes de flèches, débris de cornes et d'ossements de divers animaux, etc.

A cette première période succède ce qu'on appelle l'âge de la pierre polie. Notre pays était alors couvert de forêts et de marécages. Ses habitants vivaient dans des lieux peu accessibles, sur les hauteurs les plus faciles à défendre, dans les cavernes, dans les îles des rivières. Ils étaient vêtus de peaux d'animaux tués à la chasse. De même la chasse ou la pêche leur fournissaient leur nourriture. Ils mangeaient une sorte de galette d'orge ou de blé inférieur. Ils ne savaient travailler ni le fer ni aucun métal. Ils se servaient de haches, de marteaux en silex, d'épieux durcis au feu, de flèches armées de pointes de pierre. L'aurochs, l'ours, le sanglier, le cerf, erraient dans nos bois. Le castor vivait dans nos rivières. La sauvagerie des hommes de ce temps rappelait celle des animaux farouches. Ils se tuaient et se dévoraient entre eux.

Les Celtes.

Ces populations primitives sur lesquelles nous savons si peu de chose furent remplacées dans notre pays, du xme au vme siècle avant Jésus-Christ, par les Celtes ou Gaulois qui venaient de l'Asie.

Les Gaulois savaient tisser les étoffes, construire des habitations de pierre et de bois. Ils se nourrissaient d'aliments cuits. Ils connaissaient déjà le pain, les légumes, les fruits que nous avons encore aujourd'hui. Ils buvaient des liqueurs fermentées, de la bière, de l'hydromel et même du vin. Ils avaient des armes de bronze, casques, boucliers. Ils se servaient d'arcs et de flèches. Les Celtes formaient partout une population nomade, poussant toujours vers l'ouest à la suite de leurs troupeaux.

Après les Celtes, les Kymris envahirent les Gaules et s'étendirent du Rhin à la Gironde. Ils chassèrent des rives de la Seine les Séquanes qui vinrent habiter nos contrées. Parmi les Séquanes la tribu qui habitait spécialement notre pays était celle des Mandubiens.

Les mœurs des Séquanes étaient celles des autres Celtes. « Ils occupaient des maisons de forme circulaire, spacieuses, proprement tenues, situées généralement au bord des bois ou des rivières, et construites en pisé assujetti avec des claies et des poteaux. Elles étaient couvertes en bardeaux ou en chaume, et contenaient pour meubles des lits de peaux de bêtes, des sièges, des tables en bois, et un coffre ou le propriétaire renfermait ses objets les plus précieux. La saie ou blouse aux couleurs éclatantes, et la braie, sorte de pantalon étroit et long, leur servaient de vêtement. Ils avaient pour armes une longue épée droite[1] ». Les chefs avaient un casque d'airain, mais les hommes combattaient tête nue. D'un courage à toute épreuve, ils jetaient souvent leur bouclier pour combattre à découvert.

Epomanduodurum (Mandeure) était le centre des Séquanes fixés dans notre pays.

Nos ancêtres, les Séquanes, restèrent pendant des siècles indépendants et prospères. Leur territoire, qui s'étendait du Rhin au Rhône, fermait la route aux invasions germaines. C'est ainsi que les Séquanes combattirent avec Marius contre les Cimbres et les Teutons envahisseurs des Gaules. Leur roi Catamantalède fut mis par le Sénat au nombre des amis du peuple romain (115-105 av. J.-C.). Les Séquanes étaient déjà plus civilisés que les premiers habitants de notre pays. Mais ils étaient encore ignorants, superstitieux et cruels comme ces sauvages de Madagascar que notre pays doit amener au christianisme et à la civilisation.

Ne connaissant pas le vrai Dieu, ils adoraient le soleil, le tonnerre, les arbres, comme le

[1] Cl. Duvernoy. *Montbéliard antérieurement à ses premiers comtes.*

chêne, les forêts, les sources. Leurs prêtres s'appelaient druides. Ils offraient à leurs dieux des sacrifices sanglants, des animaux que l'on égorgeait sur une grande pierre ou même aussi des hommes. Il faut plus les plaindre que les blâmer car ils ne savaient pas que Dieu est bon et qu'il n'aime pas les sacrifices sanglants.

Les Séquanes, comme les autres Gaulois, étaient forts et courageux. Mais l'abondance, l'ivrognerie, la vie facile et le contact des Romains avaient déjà commencé à les corrompre lorsqu'ils demandèrent aux Romains de les délivrer d'Arioviste et des Germains.

César, en effet, battit Arioviste non loin d'Epomanduodurom et rejeta Arioviste de l'autre côté du Rhin. Mais pour mieux protéger les Séquanes il resta chez eux et leur imposa ses volontés (58-56 av. J.-C.).

Quelques années après, les Séquanes se révoltèrent avec tous les Gaulois rangés derrière Vercingétorix. Mais César battit Vercingétorix en Séquanie, au mont Colombin (près de Gy, Haute-Saône). Il le poursuivit jusqu'à Alesia, le força à se rendre et eut ensuite le triste courage de traîner le chef gaulois derrière son char triomphal (52 av. J.-C.). Dès cette époque la Séquanie est sous l'autorité des Romains.

PREMIÈRE LECTURE

L'ARRONDISSEMENT DE MONTBÉLIARD[1]

Description physique.

L'arrondissement de Montbéliard s'étend du 47me degré 6 minutes au 47mo degré 35 minutes de latitude nord et du 4mo degré 15 minutes au 4me degré 44 minutes de longitude est. Sa superficie est 1109 kilomètres carrés. Il touche au nord au département de la Haute-Saône, à l'est au département du Haut-Rhin et au canton de Berne, au sud au canton de Neuchâtel et à l'arrondissement de Pontarlier, à l'ouest à l'arrondissement de Baume. Son élévation au-dessus de la mer est comprise entre 305 et 1081 mètres. Situé à l'extrême frontière est de la France, à proximité des Vosges, dans la dépression qui sépare ces montagnes du Jura septentrional, dont il escalade les premiers gradins, d'ailleurs bien arrosé et suffisamment boisé, cet arrondissement présente les contrastes les plus variés de sol, de climat, de végétation, de cultures.

Toute la contrée est formée d'une série de plateaux étagés qui s'abaissent en degrés successifs du sud-est au nord-ouest. Le plus important et le plus élevé de ces gradins est connu sous le nom de *Haute-Montagne.* L'aspect général est d'une remarquable uniformité : partout des montagnes aux pentes adoucies, de hautes vallées largement ouvertes, de vastes surfaces presque planes occupées par des sapins et des pâturages, et, dans les dépressions, des tourbières à végétation boréale, contribuant à donner au paysage un singulier aspect de tristesse et de monotonie. Mais, des sommités de quelques chaînes, d'immenses

---

1 L'ancien *Pays de Montbéliard* renfermait des territoires aujourd'hui compris dans les départements de la Haute-Saône et du Haut-Rhin. Par contre, dans l'arrondissement actuel de Montbéliard, les parties qui formaient notre ancien pays protestant sont surtout comprises dans les régions dites de la *Moyenne Montagne* et de la *Plaine.*

et magnifiques panoramas se déroulent sous les yeux du spectateur, dont le regard embrasse les plaines de la Franche-Comté, de la Lorraine et de l'Alsace, bornées à l'extrême horizon par les cimes brumeuses des Vosges et la Forêt-Noire ; tandis qu'au midi, les pics élancés des Alpes bernoises apparaissent étincelants de neiges et de glaces dans ces déchirures du haut Jura. Les côtes du Doubs et celles du Dessoubre, étroitement encaissées entre les plateaux, et s'enfonçant à pic à plusieurs centaines de mètres de profondeur, offrent un genre de beautés particulières à nos montagnes, et n'ont rien à envier à ces gorges justement célèbres des chaînes bernoises et soleuroises, qu'elles dépassent en grandeur et en majesté.

Entre le Dessoubre, le Doubs et la Barbèche, s'étendent des plateaux absolument comparables à ceux que nous venons de décrire, mais d'une moindre altitude. C'est la *Moyenne-Montagne* des auteurs Francs-Comtois. En continuant notre marche vers le nord, nous arrivons à la chaîne du Lomont, séparée de la Haute-Montagne par le Doubs et la Barbèche. Elle s'élève assez brusquement, en regard des hauts plateaux, à plus de 400 mètres au-dessus des cours du Doubs et de la Barbèche, et, d'un autre côté, elle domine de 300 mètres environ les contrées qui s'étendent au pied de son versant septentrional. Il en résulte qu'elle est relativement isolée. Aussi, de ses sommités, jouit-on des perspectives les plus étendues, les plus variées ; et, dans les régions inférieures, c'est le Lomont qui arrête les regards et termine l'horizon.

Au pied de cette chaîne commence un nouveau gradin jurassique moins élevé que les précédents. Ce sont des plateaux assez unis, profondément sillonnés par le Doubs, la Doue et quelques ruisseaux moins importants, et qui s'abaissent, en pente insensible, de la base du Lomont à la dépression occupée par le cours de l'Allan et par celui du Doubs après son dernier coude. Ces régions plus déprimées qui s'étendent au pied de ces plateaux constituent la *Plaine,* dénomination assez impropre, et que, dans nos contrées accidentées, on a choisi faute d'une plus convenable ; car il n'existe aucune plaine dans l'arrondissement, et c'est à peine si l'on peut donner ce nom au fond plat et élargi des vallées principales. La Plaine est formée des cantons d'Audincourt et de Montbéliard. L'aspect de la Plaine est assez différent des régions précédemment décrites, les érosions ayant moins profondément creusé le terrain : rarement l'on observe des dénudations à pic ; en revanche, les vallées sont beaucoup plus larges, et leur fond, généralement fort plat, offre une surface presque égale à celle des plateaux. Ceux-ci ne les dominent que d'une cinquantaine de mètres, souvent moins, et s'élèvent rarement à plus de cent mètres au-dessus des cours d'eau. Cette exception n'a guère lieu que pour le Mont-Bart, petite chaîne d'une altitude de 488 mètres, rejetée en dehors des soulèvements jurassiques. La Plaine paraît donc formée de vallées, de collines à pentes assez douces, et de promontoires plus ou moins abrupts. L'altitude des collines varie de 360 à 440 mètres.

D'après Ch. Contejean.

DEUXIÈME LECTURE

UN VILLAGE GAULOIS PRÈS DE BAVANS

Dans le ravin séparant le Mont-Bart de celui de Bavans, nous voyons s'étendre sur les deux bords du chemin qui suit le fond du vallon, toute une suite de creux côniques assez profonds. Ce sont vraisemblablement des habitations gauloises ou *mardelles,* très bien conservées. Elles sont rangées presque en ligne droite, la plupart à l'ouest du chemin. Une des plus importantes n'a pas moins de quatre mètres de profondeur moyenne, sur sept de diamètre au milieu de la hauteur ; on y descend par une tranchée en pente de 30 degrés. Suivant l'usage assez fréquent des Gaulois, elle était toute garnie d'une couche de glaise que j'ai trouvée parfaitement intacte. Ce groupe d'habitations, qui devait être plus important autrefois, était alimenté par un puits qui ne tarit pas, et qui se trouve vers le milieu, à 35 mètres environ à l'est du chemin. Ce puits a été aussi garni d'une couche très épaisse de terre glaise. Nous avons ici, à n'en pas douter, un clan gaulois parfaitement placé dans un ravin solitaire et abrité au bord d'un chemin. Il avait de l'eau potable, du bois, du gibier à sa disposition. Tout près coulent le Doubs et l'Allan qui devaient l'approvisionner de poisson.

F. VOULOT.

TROISIÈME LECTURE

LA RELIGION DES SÉQUANES

Les Séquanes formaient un peuple esclave et demi-barbare, cultivant la terre, élevant des chevaux renommés, adorant des divinités farouches, principalement Teutatès ou Mercure, le dieu des voyageurs et des marchands, et la chère déesse Epona. Alors les druides, rois et prêtres de la nation, promenaient ce peuple à travers les épaisses forêts de la contrée, à la recherche du gui sacré, ou le conduisaient dans la profondeur des cavernes pour y égorger en sacrifice même des victimes humaines. Alors on voyait sur les bords du Doubs, de l'Allan, des étangs et des fontaines, quelque Velleda prophétisant l'avenir d'après les tourbillons de ces fleuves, les circuits de leurs rives et les frémissements de leurs ondes. Alors on entendait, sur les hauteurs culminantes du Mont-Bart, la voix des bardes, les poètes et les chantres de la peuplade, célébrant sur leurs harpes la gloire de leurs dieux, les vertus de leurs aïeux, les exploits de leurs guerriers, la sagesse de leurs prêtres, la fertilité de leurs campagnes, la réputation de leurs cavales et les joies du foyer domestique. Durant de longs siècles, les montagnes et les vallées qui environnent Mandeure furent les théâtres et les témoins de ce culte impie et sanguinaire.

Abbé BOUCHEY.

CHAPITRE II

Epoque gallo-romaine.

Les Séquanes avaient senti peser sur leurs épaules la rude main romaine. Ils ne devaient plus retrouver leur indépendance.

Les Romains étaient des maîtres colonisateurs. Ils laissaient aux populations soumises toutes les libertés qui pouvaient flatter leur amour-propre sans être un danger pour l'empire. Ils acceptaient dans leur Panthéon les dieux des contrées conquises et ne tardaient pas ainsi à les transformer en divinités romaines. Ils sillonnaient le pays de routes admirables aussi favorables au développement du commerce qu'au passage des armées.

L'influence romaine ne tarda pas à se faire sentir en Séquanie. Les Séquanes étroitement mêlés à leurs vainqueurs, confondant ses dieux avec les leurs, échangeant leurs dialectes trop divers pour leur langue, devinrent eux aussi des gallo-romains.

La Séquanie vaincue par César, occupée par Labiénus, resta paisible pendant les guerres civiles. Auguste fit de la Séquanie un camp retranché, une barrière opposée aux envahissements de la Germanie qui, par la trouée des

Vosges et du Jura menaçait notre pays d'abord et ensuite le bassin du Rhône. Agrippa, son gendre, pour favoriser le commerce et le passage des armées vers la Germanie fit partir de Lyon quatre grandes routes sur lesquelles s'embranchaient toutes les voies romaines dont il reste tant de traces en France. Celle de ces routes qui nous intéresse le plus entrait en Séquanie par le sud ouest, traversait Besançon (Vesontio) suivait la vallée du Doubs, passait à Rang, Dampierre, Voujaucourt, gagnait de là Mandeure pour atteindre ensuite la Rauracie c'est-à-dire le pays de Bâle et le Rhin. On trouve encore de très beaux vestiges de cette route dans notre pays, entre Dampierre et Voujaucourt, par exemple, où sa solidité semble défier le temps.

L'empereur Trajan (98) contribua à la prospérité de Mandeure en faisant réparer la voie romaine qui allait de Besançon au Rhône. Cette route qui passait par Mandeure était jalonnée de colonnes miliaires dont on a retrouvé ici et là des fragments. L'une de ces colonnes, portant le nom de Trajan, trouvée à Mandeure en 1741, donnée par le prince de Montbéliard au savant Schœpflin a été brûlée avec les richesses de la bibliothèque de Strasbourg en 1871. Une autre découverte, en 1896, est au musée de Besançon. Le musée de Mont-béliard possède aussi un important fragment d'une de ces bornes miliaires destinées à la fois à marquer les distances et à rappeler la bonne administration de l'empereur Trajan.

Le long de ces routes s'échelonnaient des camps retranchés ou des bourgades celtiques qui devenaient peu à peu de riches et belles villes gallo-romaines.

Les camps retranchés et les armées romaines n'empêchèrent pas toujours les Séquanes de songer à leur indépendance. C'est ainsi qu'ils prirent part à la révolte de Florus et Sacrovir. Mais le seul résultat de cette révolte fut de faire ravager la Séquanie par le général romain Silius (27 ap. J.-C.).

L'empereur Claude fut favorable à la Gaule. Mais sous Néron les Séquanes s'unirent à l'aquitain Vindex pour secouer le joug de ce fou furieux. Malheureusement 20.000 Gaulois furent exterminés devant Vesontio et Vindex se tua de désespoir. Galba, successeur de Néron, favorisa les Séquanes qui l'avaient soutenu tandis que Vitellius à son tour vint ravager la Séquanie. Mais Vespasien vint bientôt donner un peu de repos à notre pays.

Pendant que Vitellius et Vespasien se dis-putaient le pouvoir les Gaulois aidés des Germains cherchaient à constituer un *empire des Gaules*. Sabinus, à la tête des habitants du pays de Langres voulut envahir la Séquanie mais, défait par les Séquanes restés fidèles à l'empire, il se réfugia dans une grotte où il resta neuf ans caché avec sa courageuse et fidèle compagne Eponine.

L'empereur Vespasien récompensa comme il le devait la fidélité de la Séquanie d'où il retira une partie de l'armée romaine qui l'occupait.

La Séquanie respira jusqu'au règne de Marc Aurèle. Mais sous son règne les Germains menacèrent sérieusement l'empire. C'est pour leur barrer la route que Marc Aurèle développa Vesuntio qui devint une vraie ville romaine. Elle eut ses aqueducs amenant dans la ville les eaux d'Arcier, ses arènes, son forum encadré de portiques, son théâtre et son Capitole de marbre.

Vesuntio était donc à l'époque gallo-romaine la capitale de la Séquanie. Elle avait une rivale dans une ancienne bourgade celtique peu à peu transformée par la civilisation romaine, Epomanduodurum (Mandeure). Les autres villes de la Séquanie étaient Augusta Rauracorum dans les environs de Bâle, Dittatium (Dôle) Luxovium (Luxeuil), etc. A côté de ces villes florissantes et actives, il y avait le long des routes et des rivières des villages, des villas à la romaine. On a retrouvé des restes de ces habitations romaines à Bavans, à Colombier-Fontaine, à Longevelle, à Voujaucourt, à Bussurel, à Champey, au Faubourg de Montbéliard.

Dans la période qui nous occupe le pays est donc habité par la noblesse gallo-romaine qui a succédé à l'ancienne aristocratie celtique. Elle a au-dessous d'elle des *colons,* c'est-à-dire des cultivateurs qui sont libres mais qui doivent payer à leurs maîtres des redevances en argent ou en nature. Il y a aussi des esclaves mais qui sont moins nombreux que les colons. Ensemble ils défrichent les vallées et les plaines, cultivent le froment, élèvent de grands troupeaux de porcs, de moutons. Mandeure est surtout le centre d'un grand commerce de chevaux. On commence alors à connaître certains arbres importés d'Asie à Rome et de là chez nous : le noyer, le chataignier, le prunier, le pêcher, le cerisier.

L'industrie gallo-romaine est déjà bien supérieure à l'industrie gauloise. On fabrique en bande des toiles peintes, de la bijouterie, de la verrerie, des poteries, on importe de Rome les objets de grand luxe, les marbres et les bronzes.

On comprend que cette civilisation gallo-romaine ait laissé tant de traces dans notre sol depuis les marbres, les bronzes, les vases et les coupes de Mandeure, jusqu'aux monnaies, aux poteries, aux mosaïques et aux simples tuileaux que l'on rencontre un peu partout dans notre pays.

La religion des habitants de nos contrées à l'époque gallo-romaine est un mélange de l'antique religion des Séquanes avec le polythéisme romain et grec. Jupiter, Mars, Mercure, Bacchus, les Génies et les Lares, Minerve, Diane et Vénus, telles étaient les divinités adorées à Mandeure, devenue une vraie ville romaine. Le commerce y florissait, les richesses y abondaient de toutes parts. Mais aussi, les plaisirs et les débauches qui ruinent les peuples les plus énergiques et les races les plus résistantes.

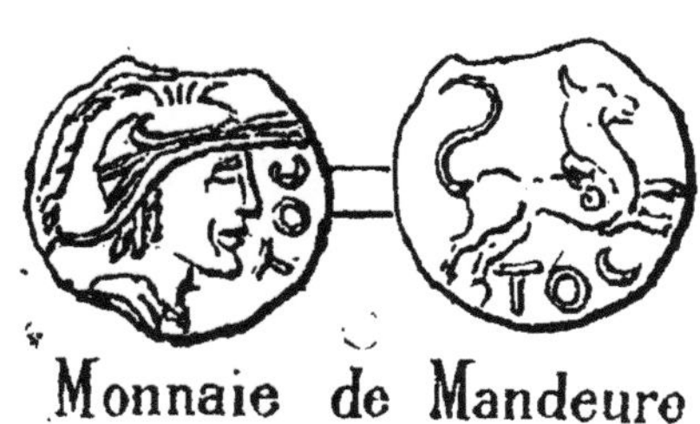

Monnaie de Mandeure

LECTURE

MANDEURE

L'éclat dont a brillé cette ville, répond à la splendeur de l'empire. Ses édifices s'élevaient des deux côtés du Doubs, sur un espace de plus de deux kilomètres ; mais à voir les ruines semées depuis Bourguignon jusqu'à Audincourt, on doit présumer que ses dépendances couvraient une étendue beaucoup plus considérable. Trois ponts liaient les deux rives du Doubs. Les quais étaient pavés de larges dalles, liées par des crampons en fer, et portant des anneaux pour amarrer les bateaux. C'était alors une ville ouverte ; mais ses environs possédaient plusieurs camps retranchés qui plus tard ont servi à sa défense, et qui sans doute n'avaient alors d'autre destination que de servir d'asile aux légions lors de leur passage.

La ville devait être considérable puisque son théâtre peut contenir jusqu'à 15.000 spectateurs. Ce devait être une belle et opulente cité. Il suffit d'ailleurs de se la représenter assise sur sa claire rivière avec ses temples, ses portiques, son arc de triomphe, ses forts couronnants les hauteurs, ses trois ponts, ses larges quais, son théâtre plus vaste que celui d'Orange, ses nombreuses villas semées sur les collines, son mouvement commercial incessant, pour se faire une idée de ce que devait être Mandeure au temps de sa prospérité et de sa gloire.

Clément Duvernoy.

CHAPITRE III

Le christianisme en Séquanie.

Ferréol et Ferjeux. Leur martyre (212). Les derniers Gallo-Romains.

L'empire romain était encore dans toute sa magnificence lorsque naquit dans une de ses provinces la croyance nouvelle qui devait le vaincre, lui survivre et devenir à travers les siècles la grande institutrice des peuples. Parti de Jérusalem, le christianisme avait gagné l'Asie Mineure, la Syrie, la Grèce, Rome, puis les Gaules où Lyon était devenu un centre de vie chrétienne.

La lutte entre l'empire romain et la foi chrétienne était inévitable. Le christianisme n'acceptait pas l'injurieuse assimilation avec les dieux de Rome. Il voulait pour Jésus une place unique, la seule. Ennemi de la corruption romaine, il était un danger pour tous ceux qui vivaient des vices du peuple ou de ses superstitions. Aux yeux du romain le chrétien est l'ennemi par excellence, un athée qui n'adore rien de visible, un danger social pour les institutions et les mœurs, un traître qui refuse d'adorer les images de l'empereur. De là les persécutions qui apparaissent partout où la foi chrétienne étend ses conquêtes.

Les premières traces du christianisme en Séquanie apparaissent sous Marc-Aurèle (161-180). C'est sous ce règne qu'avait éclaté dans les Gaules une terrible persécution qui avait mis Lyon en sang (177).

Les apôtres de la Séquanie, Ferréol et Ferjeux étaient-ils venus dans nos contrées chassés par la persécution de Lyon ou envoyés par Irénée ? on ne sait. En tous cas c'est à eux qu'est attribué l'honneur d'avoir fait à Besançon les premières conquêtes du christianisme. Ils célébraient le culte chrétien dans une grotte des environs de la ville. Leur parole amena beaucoup d'âmes à l'Evangile. Ils convertirent, entre autres, la femme du préfet de la Séquanie, Claudius. Mais ils payèrent de leur vie leurs succès et leur zèle. Cette conversion avait eu lieu sous le règne de Septime Sévère qui avait formellement interdit toute adhésion au christianisme. Être chrétien, c'était être voué à la mort. Ferréol et Ferjeux furent livrés aux plus cruels supplices dans le théâtre de Vesontio (Besançon) le 16 juin 212.

Après Vesontio la ville de Luxeuil paraît avoir été évangélisée l'une des premières. Les symboles et les inscriptions chrétiennes des tombeaux gallo-romains de cette ville en font foi. Il est possible que Ferréol et Ferjeux aient été aussi les apôtres de Luxeuil. Mais nous ne savons là-dessus rien de certain. Ce qui paraît sûr c'est qu'il y avait des chrétiens à Luxeuil dès le commencement du IIIme siècle.

En dehors de ces deux faits, on ne sait rien de positif pendant plusieurs siècles sur les progrès du christianisme dans notre contrée. Les inscriptions de Mandeure ne permettent pas de constater qu'il y ait eu des chrétiens dans cette ville.

D'ailleurs la Séquanie fut terriblement éprouvée par les guerres et les invasions sous les derniers empereurs. Les Barbares, longtemps contenus par l'empire romain, se pressaient à ses frontières. Ils pénètrent et débordent dès que l'empire romain est affaibli par les divisions intestines et les vices de tous.

Avant d'être la proie des Barbares, la Séquanie avait connu quelques heures de gloire. Le pays des Rauraques (canton de Bâle), une partie de l'Helvétie (Suisse romande) avaient été ajoutés à son territoire. Vesontio était devenue une ville puissante dont dépendaient Augusta (Augst), Equestris (Nyon) et Aventicum (Avenches) (238). Mais l'anarchie militaire qui régnait à Rome rendait impuissante toute cette organisation. En 253, les Alemans ravagèrent une première fois la Séquanie, puis en 275 et 276. L'empereur Probus tailla en pièces les Burgundes qui venaient de ravager nos contrées et s'efforça de réparer les désastres de ces invasions. Son œuvre fut consolidée par les victoires de Constance Chlore et Constantin vint ensuite donner à nos contrées une sécurité qu'elles ne connaissaient plus.

Il avait divisé l'empire en quatre grandes *préfectures* divisées elle-mêmes en *diocèses* et en *provinces* régies par des présidents. Devenu lui-même chrétien, il avait calqué l'organisation de l'Eglise sur le modèle de l'organisation politique, et, comme le christianisme s'était développé en Séquanie sans que nous sachions comment, il fit de *Vesontio* le siège de l'évêque métropolitain de la *province* séquanaise. Cet évêque, qui prit plus tard le nom d'archevêque, avait sous son autorité les évêques suffragants d'Augst, d'Avenches, de Nyon et de Windisch. La mère de Constantin séjourna à Besançon. Elle s'intéressa à la construction des basiliques bâties par l'évêque Hilaire.

L'œuvre restauratrice de Constantin ne fut pas continuée par ses fils. Sous leur règne, les Germains envahirent et brûlèrent la Séquanie (355). Julien ne put retarder que de quelques années la chute définitive. Il avait fortifié Besançon, élevé en vue des Germains les châteaux de Montbéliard, du Chatelot, de Clémont et de Château-Julien près de Pont-de-Roide.

Il s'était aussi appliqué à la réforme du paganisme et avait persécuté les chrétiens. Sous son règne l'évêque de Besançon Justus dut quitter son siège et mourir en exil (363).

Mais la civilisation romaine était usée, vieillie et dégradée. Depuis le règne de Julien, la Séquanie est de plus en plus menacée et envahie, notamment en 406, par Crocus et ses Vandales, qui immolent l'évêque de Besançon Antide. A Rome, des généraux ambitieux se disputent l'empire affaibli par ces divisions. C'est alors que les habitants de la Séquanie, las de garder la frontière pour des maîtres qui ne les protègent plus, perdent courage et pactisent avec les Burgundes.

CHAPITRE IV

Les Bourguignons.

Depuis longtemps déjà, l'empire romain vieilli et corrompu était menacé par les peuplades plus jeunes et plus vivaces qui se pressaient sur ses frontières. Les Burgundes ou Bourguignons étaient un de ces peuples. Ils étaient originaires des plages et des îles de la Baltique et, depuis le IIIme siècle après Jésus-Christ, ils s'étaient approchés des rives du Rhin. Mis en contact avec les Gallo-romains, ils leur avaient emprunté leur industrie, leurs procédés agricoles et même la religion chrétienne. Vers 413, profitant de l'affaiblissement continuel de l'Empire, ils s'avancèrent jusqu'au Jura et s'établirent dans les pays situés entre le Rhin, le Rhône et la Saône. L'empereur Honorius, trop faible pour les chasser, les chargea de défendre la frontière du Rhin contre les Alemans. En échange et pour remplacer une solde que l'empire épuisé ne pouvait plus fournir, ils se firent céder des terres et partagèrent ainsi avec les Gallo-romains qu'ils ne dépossédèrent pas tout à fait la propriété du sol qu'ils occupaient. Les Gallo-romains conservèrent leur administration municipale, leurs institutions, leur langue[1], mais tout cela sous l'autorité des Bourguignons qui se constituèrent en royaume indépendant. Leur chef Gondicaire devint leur premier roi et Vienne sur le Rhône fut leur capitale (413-427). Ainsi fut fondé le premier royaume de Bourgogne dont la Séquanie faisait partie.

Les Séquanais gagnaient à changer de maîtres. Les Bourguignons leur furent plus doux que le fisc romain et sous leur domination ils goutèrent d'un peu de repos.

Les Bourguignons furent perdus par la passion de s'agrandir. En quête de nouvelles victoires ils se jetèrent sur les provinces belgiques. Leur ambition inquiéta le patrice romain Aétius qui infligea une cruelle défaite à Gondicaire qui fut finalement obligé, après de nouvelles défaites, à se retirer en Savoie avec les débris de son peuple.

Gondioc, son successeur, releva les affaires des Bourguignons. On ne sait pas exactement quand les Bourguignons rentrèrent en Séquanie mais, en 443, on les retrouve occupant le

1 Notre patois roman est une preuve vivante que l'invasion germanique fut chez nous seulement partielle. L'élément qu'elle apporta fut dominé dans la fusion par les éléments nationaux gallo-romains qui se l'assimilèrent. Soit vouloir, soit faiblesse, la race bourguignonne laissa subsister les hommes et les choses, s'implanta seulement au milieu des peuples conquis pour s'y absorber bientôt.

pays entre l'Isère et le Rhône. Quelques années plus tard, leur roi Gondioc est l'auxiliaire des Romains contre les Tartares. « L'histoire a raconté l'épouvante des populations à l'aspect de ces hideux brigands au teint livide, au crâne pointu, au visage aplati qui vivaient de viande crue et de sang. Ils avaient pour chef ce farouche Attila, qui s'appelait lui-même le fléau de Dieu, le Marteau de l'Univers, et qui ne voulait pas, disait-il, que jamais moisson ne repoussât là où son cheval au pied brûlant avait passé ». Aétius à la tête des Romains et de leurs auxiliaires rencontra Attila dans les plaines de Châlons-sur-Marne. « Ce fut, dit l'historien Jornandès, une lutte horrible, immense, inouie » dans laquelle Attila fut vaincu. Dans sa retraite le roi des Huns traversa la Séquanie ne laissant derrière lui que de la désolation et du sang. Besançon, Mandeure, Luxeuil furent ruinées de fond en comble.

La victoire d'Aétius n'arrêta pas la décadence de l'empire romain de plus en plus corrompu et divisé. Les Bourguignons en profitèrent pour continuer leur relèvement, sous leur roi Gondioc qui avait épousé la sœur du patrice romain Ricimer. La situation des Bourguignons fut réglée par le partage du sol avec les anciens possesseurs. Seules les villes épiscopales furent exceptées du partage. Ce fut là le point d'origine de la puissance temporelle des évêques.

Gondioc mourut en 470 laissant un royaume étendu comprenant la Savoie, la Bresse, le Bugey, le Lyonnais, la Bourgogne et la Franche-Comté actuelle.

C'est à cette époque que s'établirent les premiers monastères. L'Eglise chrétienne, depuis qu'elle avait reçu les faveurs des empereurs, avait acquis des richesses et une grande autorité extérieure mais aussi elle s'était mondanisée. De là le mouvement de protestation inauguré en occident à Rome par St-Jérôme et qui poussait les âmes insatisfaites à se retirer d'un monde violent et corrompu et d'une Eglise mondaine pour chercher le salut dans le travail isolé et dans la prière. La vie religieuse à cette époque, il faut bien le dire, se trouvait du côté des *ascètes.* C'est dans cette période que Romain et Lucipin fondèrent au milieu des rochers du Jura le monastère de St-Claude (452-455).

Gondebaud.

Gondioc mourut en laissant quatre fils qui se partagèrent son royaume. Celui de ses fils qui nous intéresse le plus parce qu'il posséda le plus longtemps la Franche-Comté actuelle est l'aîné, Gondebaud. Il était chrétien et avait embrassé les idées d'Arius. Sous son règne, l'arianisme se développa en Séquanie. Besançon eut même un évêque arien qui était, au reste, un bon prélat qui travailla beaucoup au développement de son Eglise.

Chrétien, Gondebaud l'était surtout de nom comme Clovis son futur adversaire orthodoxe. Entraîné avec ses frères par une guerre criminelle, il ne craignit pas de faire tuer ceux de ses frères qui gênaient son ambition. Il sacrifia de même leur famille à l'exception de deux de ses nièces dont l'une, Clothilde, devait épouser Clovis, chef des Francs Saliens et venger cruellement le meurtre de sa famille.

Gondebaud redevenu puissant après de dures épreuves, essaya de faire oublier ses fautes en publiant les sages mesures renfermées dans la *loi Gombette* qui, entre autres, mettait sur le même pied Bourguignons et Gallo-romains. Cette loi le rendit populaire. Sans abandonner l'arianisme il autorisa son fils Sigismond, qui avait été élevé par Avitus, évêque de Vienne, à embrasser le christianisme orthodoxe (507-516).

Sigismond rendit aux évêques orthodoxes les faveurs dont Gondebaud les avait privés.

Ils purent de nouveau réunir des conciles, celui d'Epaone par exemple, en 517, où figurait Claude, évêque de Besançon.

Sigismond, dont l'Eglise catholique a fait un saint, sans doute à cause de ses libéralités, avait gardé quelque chose de la violence de son père. Il fit mourir son fils Sigéric injustement soupçonné de le trahir. Mieux informé, Sigismond chercha une expiation insuffisante dans la fondation du monastère d'Agaune (St-Maurice en Valais).

Le meurtre de Sigéric fut, pour les fils de Clothilde, héritiers de sa haine, une occasion d'intervenir. Ils prétendirent vouloir venger le meurtre de leur cousin. Sigismond fut, en effet, détrôné et remplacé d'abord par son frère Godomar, mais celui-ci fut attaqué à son tour sous prétexte d'arianisme. Il fut pris, enfermé et ses états démembrés. Ainsi périt le premier royaume de Bourgogne et s'établit sur notre pays l'autorité des Francs (534).

LECTURE

LES BURGONDES

L'histoire nous représente les Burgondes avec une taille colossale, une force de corps prodigieuse, une voix rauque, une figure grossière. Ils portaient de longs cheveux blonds, qu'ils enduisaient de beurre rance, afin de les entretenir luisants. Ils aimaient beaucoup les boissons spiritueuses, qu'ils regardaient comme le plus délicieux des breuvages ; ils préféraient la chair des animaux à toute autre nourriture, mais il était rare que l'oignon et l'ail ne fissent pas partie de leurs repas. Les Burgondes, comme autrefois les Gaulois, recherchaient les festins copieux ; et quand l'ivresse les gagnait, ils chantaient d'une voix forte et gutturale les exploits de leurs ancêtres. Lorsqu'ils étaient sur le point de livrer une bataille, ils poussaient des hurlements sauvages, à dessein d'effrayer leur ennemi ; mais, une fois la lutte engagée, ils ne reculaient pas et ne fuyaient jamais : fuir était pour eux le comble de l'opprobre. Leur chef, nommé *Hendin,* ne se rendait pas ; il mourait en combattant.

Du reste, les Burgondes avaient l'humeur assez pacifique ; on ne retrouvait chez eux ni cette brutalité ni cette fureur guerrière qui distinguaient les autres peuples barbares. Il faut dire que les Burgondes, aussitôt après leur établissement en Gaule, s'étaient laissé convertir au christianisme, et cela n'avait pas peu contribué sans doute à l'adoucissement de leurs mœurs, instinctivement débonnaires.

ROUGEBIEF.

CHAPITRE V

Les Francs (534-741).

On appelait du nom de Francs une confédération de peuplades germaniques établies sur la rive droite du Rhin depuis le Main jusqu'à l'Océan. Depuis des siècles ils avaient fait en Gaule des incursions nombreuses. Leur histoire ne devient bien certaine qu'avec Clovis dont les fils devaient faire la conquête de la Bourgogne.

Les vainqueurs commencèrent par se partager le royaume conquis. Mais les uns et les autres s'occupent très peu de l'antique Séquanie ruinée à fond par tant de guerres et d'invasions. Notre pays était alors partagé en cantons ou *pagi, Gauen,* le Nordgau, le Sundgau, l'Elsgau. Chaque canton était placé sous un chef militaire appelé comte. Montbéliard faisait partie de l'Elsgau ou canton de l'Allan[1].

Childebert, Clotaire et Théodebert se partagèrent d'abord la Bourgogne. En 555, elle passa tout entière à Clotaire Ier qui la garda jusqu'en 562 où il mourut après une vie de forfaits et de débauche. Ses états furent partagés et la Bourgogne échut au roi Gontran, de

---

[1] Voyez sur les *Ducs et Comtes de l'Elsgau* le chapitre VII.

"

mœurs douces et dissolues dont l'Eglise catholique a pourtant fait un saint à cause sans doute des riches dotations dont il la gratifia. Il passe pour avoir fondé le monastère de Baume-les-Dames. Sous son règne notre pays eut grandement à souffrir des incursions des Lombards.

Childebert, neveu et héritier de Gontran, laissa deux fils. L'un d'eux, Thierry, fut roi d'Orléans et de Bourgogne sous la tutelle de sa grand mère Brunehaut.

Brunehaut suivit en Bourgogne les avis du maire du palais Prothade, originaire de Besançon, qui fut assassiné par les seigneurs de Bourgogne dont il menaçait l'autorité. Claude, également de Besançon, lui succéda dans sa charge et reprit avec plus de grandeur la politique de son prédécesseur.

La reine Brunehaut était une vraie reine bien supérieure à sa sauvage rivale Frédégonde. Elle admirait la civilisation romaine et voulait la faire triompher dans ses états. Elle portait un sérieux intérêt aux travaux publics, aux routes, aux ponts, aux monuments. Mais son énergie fut souvent de la cruauté et sa vie fut bien loin d'être exempte des passions coupables. Elle ne sut pas pardonner sa franchise au fondateur de l'abbaye de Luxeuil, Colomban, qui lui avait fait entendre une parole sévère. Elle l'exila à Besançon d'où il gagna l'Italie (609).

L'Irlande était alors un centre de vie religieuse où régnait un grand esprit d'indépendance et même d'opposition contre Rome où s'établissait peu à peu l'autorité politique et religieuse du pape. Les Irlandais s'entendaient mieux avec les Grecs qu'avec Rome. Ils célébraient la Pâque selon le rite grec. Les moines vivaient douze à douze sous un abbé élu par eux, l'évêque n'était qu'un surveillant. Le célibat des prêtres n'était pas observé. C'était d'Irlande qu'était sorti Colomban avec les douze compagnons qui le suivaient.

Colomban travaillait comme un missionnaire au milieu de Barbares teintés de christianisme.

Les violences de cette époque nous font horreur. Brunehaut qui n'avait pas craint de régner par le crime devait périr elle-même par le crime. Trahie par les seigneurs bourguignons qu'elle voulait discipliner, livrée à Clotaire II, fils de sa rivale Frédégonde, elle mourut d'une mort horrible traînée à la queue d'un cheval indompté.

La défaite de Brunehaut fit passer notre pays sous l'autorité de son ennemi Clotaire II. La protection que ce prince accorda à l'Eglise a bien servi sa réputation. Il essaya de rétablir l'ordre et la justice dans ses états. « Sous son règne l'évêque de Besançon, Prothade, eut un crédit sans limites ». L'Eglise se développa. Son chancelier Ermenfroi fonda, près de Baume-les-Dames, le monastère de Cusance dont il fut le premier religieux (631). En 590, Colomban et ses disciples avaient fondé l'abbaye de Luxeuil. Delle, disciple de Colomban, s'était d'abord établi à Colonisberg (Chalonvillars) (610). Mais un peu plus tard cette abbaye fut transportée à Lure. A la même époque apparut Imerius, St-Imier, qui se confina dans les vallées sauvages du Jura.

Dagobert, successeur de Clotaire II, le « bon roi » de la légende, fut aussi un soutien de la puissance ecclésiastique. Les débuts de son règne faisaient bien augurer de l'avenir. Mais pour subvenir à son luxe, à ses goûts de vie fastueuse comme à ses débauches, il dut oublier la justice et il mourut impopulaire. La protection qu'il accorda aux Eglises, aux arts, aux monastères qu'il fit bâtir, ont préservé sa réputation. Sous son règne, l'Eglise augmenta encore sa puissance. Les couvents se multiplièrent d'où sortirent bientôt une multitude de récits et de légendes où il est souvent impossible de distinguer le fait historique. L'abbaye de Luxeuil était un sanctuaire vénéré où allait souvent s'édifier l'évêque Eloi. Elle était dirigée sous Dagobert par St-Walbert, un des hommes les plus remarquables du siècle par son savoir et sa piété. L'évêque de Besançon, Donat, disciple de Colomban qu'il avait accomgné lorsqu'il évangélisa la Gruyère multipliait dans son diocèse les fondations pieuses, l'abbaye de St-Paul, celle de Jussan-Moutier, le couvent de filles de Bregille.

Mais la race des Mérovingiens devait naître et disparaître obscurément. Après Dagobert, il n'y a plus que des rois fainéants. Les maires du palais, les grands mènent entre eux la guerre civile. L'aristocratie bourguignonne entre en lutte avec celle d'Austrasie. Partout dans le pays le ravage et la ruine. Puis, c'est la rivalité d'Ebroïn, maire du palais, et de Léger, évêque d'Autun. Ebroïn, vaincu le premier, fut enfermé dans l'abbaye de Luxeuil où alla peu après le rejoindre Léger disgracié par son roi jaloux de sa puissance. La mort du roi les délivre l'un et l'autre. Leur querelle recommence et Ebroïn fait aveugler son rival avant de le faire mourir. Une véritable terreur règne dans tout le pays jusqu'au jour où Ebroïn eut le crâne fendu par Hermenfroi un neustrien qu'il avait voulu punir (681).

Au milieu des scènes d'anarchie et de violence qui marquent la fin du VIIme siècle on voit se former la puissance d'une famille dont l'influence va succéder à celle des Mérovingiens. Le maire du palais, Pépin de Héristal, commence la fortune de sa race. C'est d'ailleurs une triste époque. La barbarie qui est partout est entrée jusque dans l'Eglise gâtée par les richesses et le pouvoir politique. Les peuples se détournent d'une Eglise indigne. A Besançon, les habitants, excédés par la débauche, les mœurs déréglées et les vexations des chanoines se soulèvent contre eux. L'archevêque Félix ne pouvant se faire aimer chercha à se faire craindre. Il traita durement le peuple qui répondit par la révolte et tua un grand nombre de clercs. Félix épouvanté s'enfuit à Montbéliard dans le château de Boronus où il mourut en 751. Tétrade, son successeur, dissipa le reste des biens ecclésiastiques, mena une vie dissolue et mourut à la chasse tué par un sanglier.

Pour comble de malheur le pays souffrait à la fois de la tyrannie de ses maîtres et de nouvelles invasions. Charles Martel, fils de Pépin d'Héristal, fut dur à la Bourgogne. Il la traita en pays conquis, dépouilla le clergé aussi bien que les particuliers. Là-dessus vinrent les ravages des Sarrazins qui pillèrent Besançon et occupèrent notre pays[1]. Vaincus à Poitiers les Sarrasins disparurent mais les créatures de Charles Martel continuèrent à pressurer le peuple.

Quand Charles Martel mourut il partagea le royaume entre ses deux fils. Pépin le Bref eut la Bourgogne où il dut se faire reconnaître par la force des armes. L'autorité des Carlovingiens se substituait ainsi dans notre pays à celle des descendants de Clovis (741).

PREMIÈRE LECTURE

LE SIXIÈME SIÈCLE

On ne peut se représenter le VIme siècle que comme un temps de trouble et de confusion. L'esprit de violence, suite de la conquête, et le caractère farouche de ces peuples qui depuis trois siècles avaient vécu de guerre et de brigandage, ne pouvaient instantanément se transformer et céder la place à l'esprit d'ordre et de justice. Les fureurs des princes nous donnent la mesure de ce que pouvaient être les sujets. Cependant, on voit apparaître comme au sein d'un épais brouillard, quelques points lumineux, symptômes d'un ordre de choses qui tend à se régulariser. Les institutions et le génie gallo-romain se fondent insensiblement avec l'esprit et le génie des Germains. Le moment des invasions a cessé, et les rivalités des races commencent à s'apaiser. Con-

---

[1] De là sans doute les noms de Pont-Sarrasin, creux des Sarrasins à Vandoncourt, grotte des Sarrasins à Allondans et à Voujaucourt, cave des Sarrasins à Trémoins, chemin des Sarrasins, roche des Sarrasins à Dung et Présentevillers.

fondus désormais avec les anciens habitants, les nouveaux venus s'établissent en propriétaires sur ce sol dont ils avaient pu se croire simple détenteurs. Des temps, non de calme et de paix, mais de stabilité relative, se lèvent sur la Gaule ; et les rois mêmes comprennent par moments qu'ils ne sont plus de simples chefs de bande, mais des ordonnateurs d'un grand état..... Les grands seigneurs francs ou gaulois installés dans des espèces de fermes, manoirs ou mansa, reproduction barbare des villas romaines, y vivaient entourés de leurs clients et leurs tenanciers, dont les maisons se groupèrent bientôt en villages autour de l'habitation seigneuriale. D'un autre côté les malheurs des temps et les souffrances par lesquelles venaient de passer les populations, avaient fait naître l'esprit de pénitence, de contrition et le besoin de solitude. Des monastères avaient été fondés au milieu des bois, dans les endroits les plus sauvages des montagnes ; et, autour de ces retraites, derniers refuges de la civilisation et des lettres romaines, étaient venues s'abriter des cabanes transformées peu à peu en hameaux et en villages. Quelques villes anciennes, mais en petit nombre, avaient repris une certaine importance, et conservaient quelques restes des institutions municipales qui avaient fait jadis leur prospérité et leur gloire.

Clément Duvernoy.

DEUXIÈME LECTURE

COLOMBAN

Irlandais de naissance, Colomban était venu en l'année 590 fonder avec les ruines romaines de Luxeuil une abbaye réservée à d'illustres destinées. Physionomie pleine d'attrait, parole pleine de feu, esprit vaste et profond, volonté puissante que rien ne rebute, piété touchante et vraie devant laquelle le respect s'incline, le prêtre irlandais réunissait en lui tout ce qui séduit, attache et impose. Aussi la retraite qu'il s'était choisie devint-elle promptement célèbre ; les disciples accoururent à Luxeuil de toutes les parties de la Gaule, et leur nombre s'éleva jusqu'à six cents au bout de quelques années. Les grands du siècle rendaient visite à Saint-Colomban pour lui demander sa bénédiction ; le roi de Bourgogne, Théodoric lui-même, ne dédaignait pas de venir se recommander à ses prières. Mais Théodoric était un jeune prince luxurieux et débauché, et l'austère abbé de Luxeuil le gourmandait avec amertume sur ses déportements. Un jour Colomban vint à son tour visiter le roi de Bourgogne à sa villa de Bourcheresse, près de Châlon. La reine Brunehaut s'y trouvait. En voyant arriver le saint abbé, elle appela les enfants que Théodoric avait eus de diverses concubines et les fit paraître devant Colomban : « Voici les fils du roi, lui dit-elle ; fortifie-les de ta bénédiction. — Je ne le ferai point, répondit-il, et sache que ces enfants ne porteront jamais le sceptre royal, parce que ce sont les fils de l'incontinence et du crime ».

Alors, la reine Brunehaut irritée, envoya contre lui des soldats, qui se jetèrent à ses pieds, le supplièrent de leur pardonner leur crime et l'entraînèrent en exil.

TROISIÈME LECTURE

LE ROI CLOTAIRE ET L'ABBÉ DE LURE

Le roi Clotaire II aimait immodérément la chasse. Un jour qu'il se livrait à son plaisir favori, dans les forêts d'un fisc royal qu'il possédait près de Lure, il se laissa trop entraîner à la poursuite du gibier, et, s'étant égaré, il entra chez saint Delle ou Déicole. Frappé de l'austérité du vieillard : « Je te donne, lui dit-il, tout ce que je possède près de ces lieux en bois, pêches royales, prés et pâturages, la villa Bredanas avec son église et les vignes situées à Saint-Antoine ». Ce serait là l'origine des droits régaliens de l'abbaye de Lure.

CHAPITRE VI

Les Carlovingiens.

Notre pays profita de l'ordre établi dans leurs territoires par Pépin et Charlemagne. Les Carlovingiens se montrèrent toujours bien disposés pour l'Eglise chrétienne. Charlemagne surtout avait compris qu'elle était un élément de civilisation de premier ordre. Il entendait faire des évêques les collaborateurs des comtes. Il voulait que leur pouvoir s'appuyât l'un sur l'autre. Il fut un vrai réorganisateur des Églises dont il favorisa aussi le développement spirituel. Personnellement, il fit beaucoup de bien au clergé. Dans notre région, il restaura Luxeuil. Il fit à cette abbaye de grandes donations. Son cousin Bernoin fut évêque de Besançon et employa son crédit et ses ressources à réparer les ruines matérielles et spirituelles de son Église. Il fut un des *missi dominici*. Lorsque Charlemagne mourut l'Eglise de Besançon hérita de lui une table d'or qui fut vendue en 1642 dans une heure de détresse.

Louis le Débonnaire, qui était personnellement pieux, fit à l'Eglise des faveurs nombreuses. Sous son règne, Luxeuil eut successivement pour abbé le célèbre Anségise qui

avait figuré à la cour de Charlemagne et co-
difié les Capitulaires et Drogon fils naturel de
Charlemagne et qui fut évêque Metz.

Ce fut vers la fin du IXme siècle qu'un Ecossais, nommé Mainbod ou Mainbœuf, vint dans
les cantons de l'Allan pour y prêcher l'Evangile. Il y avait déjà des chrétiens et des Eglises
dans notre contrée, mais la violence et le
crime y avaient aussi des sectateurs, il y avait
encore des païens de fait et d'idées. Arrivé à
Dampierre-les-Bois, près de Delle, Mainbod,
qui voyageait pour répandre sa foi, resta une
partie de la journée en prière dans l'Eglise de
ce village ; puis, étant parti, il rencontra des
malfaiteurs auxquels il fit l'aumône en leur
parlant de religion. Ces hommes le voyant
bien vêtu le tuèrent pour le voler. Il fut inhumé dans l'église de Dampierre. Plus tard, à
l'endroit où il avait été assassiné, près d'une
fontaine d'eau vive, on érigea, en 1105, le
prieuré de Froide-fontaine.

Après les luttes qui marquèrent le partage
de la succession de Louis le Débonnaire, réglée par le traité de Verdun (843), la Haute-
Bourgogne, la Lorraine, l'Alsace et l'Elsgau
formèrent la part de Lothaire Ier.

Il y a, en effet, une charte de Lothaire du
6 mai 856 par laquelle il donne à l'abbaye de

Lure trois églises avec dix collonges à Roie, Tavey et Dambenois.

Notre pays passa ensuite sous la domination de Lothaire II. En fait de rapports avec notre pays on ne connaît guère que l'acte de violence de la femme illégitime de Lothaire, Valdrade qui chassa de Lure les religieux pour y tenir une cour scandaleuse (855-869). Après la mort de Lothaire II, en 870, notre pays échut en partage à Louis le Germanique. Une monnaie d'argent portant son effigie a été trouvée à Mandeure.

Dans sa lutte avec Charles le Chauve, Louis II avait été soutenu par Gérard de Roussillon que la légende considéra comme mort dans la lutte. Une antique chanson du reste fait allusion à ces faits :

> Entre le Doubs et le Drugeon
> Périt Gérard de Roussillon.

Gérard n'était pas mort. Mais il fut dépouillé de ses dignités qui passèrent à Boson, beau-frère de Charles le Chauve.

Charles le Gros succéda, en 877, à Louis le Germanique. Après sa déposition (887) et sa mort la couronne passa à son neveu Arnulf qui fut en même temps empereur et roi d'Italie. Arnulf eut pour successeur Louis L'Enfant

(911) avec lequel s'éteint la dynastie des Carlovingiens d'Allemagne. L'Elsgau, depuis le partage de la région administrative dans laquelle le pays de Montbéliard était compris (843) malgré les différences de race et de langue, n'avait point cessé d'être rattaché à la Germanie.

LECTURE

LA LÉGENDE DE SAINT-MAIMBŒUF OU MAIMBODE

Le clerc Saint Maimbode qui est honoré le 23 janvier dans le diocèse de Besançon était écossais de nation. Sous le règne de Louis le Débonnaire[1] il était venu prêcher l'Evangile en Gaule et en particulier dans notre pays.

Il y avait à Dampierre des brigands très pervers, qui ne se croyaient soumis à aucune religion, n'étant chrétiens que de nom et bien éloignés de mériter ce nom par leurs œuvres. Ceux-ci voyant le bienheureux Maimbode porter des gants qu'il avait reçus en don, pensèrent qu'il avait de l'argent, et étant sortis du village au moment où ce serviteur de Dieu était en chemin, ils se jetèrent sur lui près d'une fontaine qu'on appelle vulgairement Caldebrunne, c'est-à-dire *eau froide*. Ce dernier lieu paraît aujourd'hui le village de Froidefontaine, à trois lieues de Montbéliard. Le corps de saint Maimbode, enseveli à Dampierre fut ensuite transporté, au commencement du Xme siècle, par l'évêque Etienne de Belley au nom de Bérenger, archevêque de Besançon, dans l'Eglise de Montbéliard pour y être enterré.

(Le Château de Montbéliard).   G. Goguel.

---

[1] C'est une erreur de date.

CHAPITRE VII

La féodalité.

Formation du comté de Montbéliard.

La période où nous sommes entré est une période obscure où il est difficile de se reconnaître. Dans les premières années du xme siècle la puissance calovingienne est en pleine dissolution. Les grands profitèrent de ces luttes et de cet affaiblissement de l'empire pour agrandir leurs possessions personnelles et pour établir définitivement, en la rendant héréditaire, l'autorité qui leur avait été primitivement déléguée par les rois francs et les empereurs. L'éloignement du pouvoir central, sa faiblesse permettent la formation des duchés et comtés héréditaires. C'est le régime de la féodalité.

Ce régime féodal avait des causes lointaines. Après la conquête des Francs, il y eut trois sortes de terres : les *alleux* étaient les biens que les vainqueurs s'étaient partagés et qu'ils possédaient en toute indépendance. Les *fiefs* ou bénéfices étaient donnés par le roi à ses fidèles comme récompense de leurs services. Enfin les *terres tributaires* avaient été laissées aux vaincus en échange d'une redevance. Il ne faut pas confondre ces *alleux* ou ces *bénéfices* avec les cantons ou les divisions administratives, les *pagi* ou *gauen*. Ainsi notre pays était compris dans le *pagus Algaugensis*, dans le canton de l'Allan.

Sous Childéric II, l'Elsgau, une partie du Palatinat, la partie nord de l'Helvétie, furent confiés à Ethicon sous le nom de duc d'Alsace. Etichon, petit-fils d'Erchinoald, maire du palais sous Dagobert et Clovis II, tout en administrant sous l'autorité des rois francs, les *pagi* ou *gauen* qui lui étaient confiés, était en même temps possesseurs d'*alleux*, de terres allodiales considérables. Le pays de Montbéliard, qu'il posséda de cette manière, resta entre les mains de ses descendants et l'un d'eux, Louis de Mousson, fut le premier comte de Montbéliard connu sous ce nom.

Etichon avait épousé Berswinde, tante maternelle de Léger, évêque d'Autun. Il en eut plusieurs enfants : Adalbert qui lui succéda dans sa dignité de duc en 690 ; Ethicon qui devint comte du Nordgau (Basse-Alsace), Batthicon, comte du Sundgau, Hugues, Odile et Rosewinde.

Ethicon était rude et cruel. Dans un moment de colère il tua son fils Hugues. Il voulut se défaire de sa fille Odile qui était née aveugle. On a aussi à lui reprocher la mort de Germain, le fondateur de l'abbaye de Moutier-Granval.

Quelques années après la mort d'Ethicon, sous le règne de Chilpéric II[1], qui régna de 715 à 720, eut lieu le martyre de Saint-Dizier. On lit dans sa légende qu'il fut tué près du village de Croix et que le duc de la contrée, nommé Rabiacus, informé de ce meurtre, fit recueillir ses restes dans l'oratoire de St-Martin qui était proche. Cet oratoire, reconstruit en 1041, devint la belle église que l'on peut admirer encore à Saint-Dizier. Ce duc Rabiacus de la légende n'est autre que Batichon, fils d'Ethicon, et son successeur dans l'Elsgau.

En 722, Eberhard, petit-fils d'Etichon, était comte du Sundgau et de l'Elsgau. Son territoire eut beaucoup à souffrir de l'invasion des Sarrazins dont nous avons parlé.

Quelques années après, nous voyons que l'un des principaux seigneurs de l'Elsgau est un autre petit-fils d'Ethicon, Boronus, fils de Battichon. Des trois chartes qui restent de ce personnage, deux sont datées de Mandeure, l'une est de 739, l'autre de 748. Montbéliard n'existait pas encore et Mandeure était alors sans doute la capitale de la contrée.

---

[1] La légende dit sous Childéric II, mais c'est une erreur.

La descendance de Boronus paraît s'être éteinte avec son petit-fils Adelbert, vers 820. Mais la descendance d'Ethicon ne perdit pas pour cela ses possessions de l'Elsgau. C'est bien, en effet, à cette famille qu'appartient Atton ou Attalard que nous voyons dominer dans l'Elsgau vers le IXme siècle. Ce seigneur voyant que les villages de Chavannes, Champagney, Alenjoie qui appartenaient à Arduic, archevêque de Besançon, se trouvaient enclavés dans ses domaines, trouva bon de s'en emparer. Arduic s'en plaignit à l'empereur Lothaire II. Celui-ci ne voulait ni mécontenter l'archevêque ni indisposer Atton qui était son oncle, frère de sa mère Ermengarde, dédommagea l'Église de Besançon en lui accordant les abbayes de Baume et de Château-Chalon.

La violence d'Atton à l'égard d'Arduic ne l'empêcha point de solliciter de son successeur Bérenger, archevêque de Besançon, le transfert, à Montbéliard, des os de Maimbod ou Maimbœuf auxquels la superstition du temps attribuait une puissance miraculeuse. Cette translation fut faite aux environs de l'an 900 par les soins d'Etienne, évêque de Belley, suffragant de l'archevêque de Besançon. Les restes du missionnaire écossais furent déposés dans l'église du château qui cessa d'être sous le vocable de Saint-Pierre pour être appelée dès lors Saint-Maimbœuf. Cette œuvre pie eut une heureuse conséquence pour Bérenger qui recouvra la vue qu'il avait perdue par l'injure d'hérétiques. En souvenir de cette translation le comte Atton fonda et dota un couvent de dix moines pour desservir à perpétuité l'Église paroissiale de Saint-Maimbœuf.

A qui appartint notre pays après cette date? On ne le sait pas positivement. Le seigneur Utton, qui fut guéri miraculeusement à Bethoncourt vers 985[1] par l'intervention de Saint-Valbert était peut-être l'un de ses descendants.

En tous cas, c'est bien une descendante des ducs d'Alsace et d'Ethicon qui transmit à son fils Louis Ier de Mousson-Montbéliard ses droits sur les terres allodiales de Montbéliard qu'elle tenait de sa famille. Elle s'appelait Hildegarde. Sœur du pape Léon IX, épouse de Thierry de Chiny, elle était fille de Hugues IV comte de Nordgau et petite-fille du comte de Dabo ou de Dagsbourg.

Son fils unique Louis épousa Sophie de Bar qui lui apporta en dot Mousson dont son mari prit le nom. Montbéliard, l'ancien Els-

---

[1] Le nom de Montbéliard est cité pour la première fois dans la vie de Saint-Valbert du moine Adson (985). Mais la ville et le château existaient déjà auparavant.

gau, a donc été, pendant toute la période carlovingienne une terre allodiale restée en possession des ducs d'Alsace, des descendants d'Ethicon. Leurs descendants Liutold et Hunfroid sont obligés de céder le domaine de Montbéliard à leur parent Louis Ier de Mousson-Montbéliard. Celui-ci, fils unique de la riche héritière d'Alsace Hildegarde, mari de Sophie de Bar, entre brillamment sur la scène de l'histoire. Désormais Montbéliard, de terre allodiale deviendra une seigneurie indépendante et un peu plus tard un comté.

PREMIÈRE LECTURE

LES VILLAGES DU PAYS A L'ÉPOQUE FÉODALE

Durant toute l'époque féodale, la population du pays de Montbéliard a offert un chiffre bien inférieur à celui qu'elle présente aujourd'hui. Des bois étendus, désignés sous le nom de *Vouaivre, Breuil, Perusse,* et des parcours improductifs appelés *Bruailles* ou *Bruières, Arbues* et *Ramiers* couvraient le sol presque en tous sens et privaient ainsi l'agriculture de terrains utiles, destinés à multiplier les ressources et à nourrir un plus grand nombre d'habitants. Les défrichements d'une certaine importance ne commencèrent guère qu'au xvime siècle ; et cependant il faut remonter le cours de quatre autres siècles au moins pour se rapprocher du berceau de la plupart des lieux qui fleurissent encore aujourd'hui dans ces contrées. Quelques-uns même ont une origine tellement ancienne qu'elle se perd dans la nuit des temps. Nos assertions sont justifiées par la liste suivante, dont les dates ont été recueillies dans les documents contemporains :

Mandeure, cité romaine sous le nom de *Mandura,* et en 747 sous celui de *Mandourum ; Valentigney,* probablement de 365 à 369, 1135 ; *Montbéliard,* vers 700 ; *Delle, St-Dizier,* auparavant *Petrosa,* 727 ; *Sainte-Marie,* 731 ; *Bethoncourt,* vers 815 ; *Morvillars,* 823 ; *Dampierre-les-Bois, Froidefontaine,* vers 840 ; *Sainte-Suzanne,* 913 ; *Tavel,* 978 ; *Saint-Hippolyte, Montécheroux, Ecot, Dampierre-sur-Doubs, Lougres, Roches, Saint-Maurice,* 1040 ; *Mathay,* vers 1070 ; *Granges,* 1097 ; *Abbévillers,* 1105 ; *Saint-Valbert,* 1123 ; *Saunot, Longevelle, Liebvillers,* 1133 ; *Glay,* 1135 ; *Blussangeaux, Héricourt,* 1136 ; *Audincourt, Bavans, Banvillars,* 1140 ; *Colombier-Fontaine,* 1141 ; *Brognard, Taillecourt,* 1145 ; *Aibre, Noirefontaine, Bermont, Blussans, Bocourt, Chatenois, Dâle, Dambelin, Echenans-sous-Mont-Vaudois, Grandvillars, Nommay, Présentevillers, Semondans, Trémoins, Trétudans, Vourvenans,* 1147 ; *Alanjoie,* 1148 ; *Bart, Exincourt, Saint-Julien,* 1150 ; *Chenebie,* 1152 ; *Seloncourt,* 1165 ; *Voujaucourt,* 1173 ; *Breviliers,* 1176 ; *Dannemarie,* 1177 ; *Ecurcey,* 1180 ; *Grand-Charmont,* 1181 ; *Chagey,* 1186 ; *Colombier-Chatelot, Désandans,* 1187 ; *Hérimoncourt, Vandoncourt,* 1188 ; *Sochaux,* 1189 ; *Allondans, Beutal, Bians, Bondeval, Bussurel, Luze, Vians, Vieux-Charmont,* 1196.

Charles DUVERNOY.

DEUXIÈME LECTURE

LE PAPE LÉON IX

Ce pape, né dans le diocèse de Bâle et d'abord évêque de Toul, était de l'ancienne famille d'Egisheim et parent de l'empereur Henri III qui lui procura la tiare : redoutable par ses mœurs exemplaires, son zèle impétueux et son activité infatigable, il parcourut la France et l'Italie réformant les abus, déposant les évêques et les prêtres concubinaires, excommuniant les seigneurs qui trafiquaient des bénéfices, assemblant des conciles qui voyaient, suivant la coutume, tous les maux de l'Eglise sans porter remède à aucun, et enfin conduisant lui-même une armée contre les princes Normands, qui après avoir pris la Pouille en voulaient aux domaines de St-Pierre : voilà comme l'histoire nous représente ce Pontife. Mais surtout j'aime à le considérer, quand, vaincu par ces mêmes Normands qu'il a excommuniés, on les voit tomber à ses genoux sur le champ de bataille couvert de la moitié de son armée qu'ils ont taillée en pièces, lui demander à grands cris l'absolution, l'obtenir avec peine et lui rendre la liberté...

BRIDEL.

CHAPITRE VIII

Les seigneurs de la maison de Mousson.

Louis Ier de Mousson. Thierry Ier. Thierry II. (1034-1162).

Louis, le premier de nos comtes dont l'existence soit certaine avait, nous l'avons vu, une illustre origine : héritier des anciens ducs d'Alsace,. neveu, par sa mère, du pape Léon IX et descendant de Pépin d'Héristal, il épousa Sophie de Bar et Mousson et prit dès lors le nom de Louis de Mousson. Sophie de Bar était elle-même la propre nièce de Hugues Capet. Cette illustre descendance et cette riche alliance peuvent nous faire comprendre comment le pays de Montbéliard apparaît tout-à-coup, en 1034, comme une seigneurie indépendante.

Louis de Mousson était un prince redoutable. Il possédait les comtés de Bar, de Mousson, la contrée de Ferrette, les seigneuries de Delle et de Belfort, le pays de Porrentruy et celui de Montbéliard, le comté de la Roche, les baronies de Granges et de Montjoie.

Il avait, en outre, la protection de l'empereur Conrad II, héritier du dernier roi de

Bourgogne. Il n'est pas étonnant qu'il ait pu vaincre, en 1044, Renaud de Bourgogne qui essayait de résister à Conrad II. Louis de Mousson rend célèbre au Moyen-Age le nom de Montbéliard. En 1049, il y reçoit la visite de son oncle le pape Léon IX. La chapelle du château rebâtie en partie est à cette occasion placée sous l'invocation de Saint-Maimbœuf.

Ce n'est pas à Montbéliard pourtant c'est à Saint-Mihel que Louis de Mousson fut inhumé. Sa femme, Sophie de Bar, avait fondé et richement doté cette abbaye. A la mort de Louis Ier, son fils Thierry devint comte de Montbéliard et de Mousson, tandis que un autre fils, Frédéric, héritait de Ferrette dont il fit bâtir le château.

Le comte Thierry augmenta peu à peu ses possessions du comté de Bar à la mort de sa mère et du comté de Verdun que lui céda Richer évêque de cette ville. Son mariage avec Ermentrude, fille de Guillaume II, tête hardie, comte de Bourgogne, arrondit encore ses domaines qui s'étendaient jusqu'à Autun.

Thierry vivait à l'époque des premières croisades. On ne fut pas moins zélé pour la croisade à Montbéliard qu'ailleurs. Thierry Ier, trop vieux pour partir en personne envoya son fils Louis de Mousson qui se mit à la tête des vassaux de son père et fit partie de l'armée de Godefroi de Bouillon. Louis de Mousson s'empara de Nicée et il fut un des premiers à entrer dans la ville sainte (1099).

Ces seigneurs courageux et ardents, malgré la croix qu'ils portaient sur la poitrine, n'étaient pas toujours droits et justes, tant s'en faut. Le XIme siècle est un siècle de violences, d'égoïsme féroce, de luttes acharnées. On peut penser que Louis de Mousson avait les défauts de beaucoup de seigneurs de son temps car il fut tué, en 1102, par ses serviteurs.

Dans ces temps de violence l'Église essaie de réagir en imposant la Trève de Dieu. Mais elle est elle-même corrompue par la débauche et par la richesse. Aussi reste-t-elle impuissante devant un monde qu'elle ne domine pas de très haut par sa vertu.

Cependant, il y a des cloîtres qui sont alors des refuges de vrai christianisme comme ceux de Cluny qui s'attachent à la réforme de l'Église. C'est en faveur de cet ordre qu'Ermentrude, veuve de Thierry Ier, fonde le prieuré de Froide-Fontaine à la place même où la tradition voulait qu'ait été tué saint Maimbœuf.

Thierry Ier et Ermentrude laissaient neuf enfants. L'un d'eux, Etienne, élevé par son oncle Guy de Bourgogne, le futur Calixte II, devint évêque de Metz et cardinal. Une autre Gunthilde fut la première abbesse du couvent de Biblisheim fondé par son père dans la forêt de Haguenau.

Thierry II continua la série des comtes[1] de Montbéliard.

Le comte Thierry vit se terminer la première partie de la lutte de la papauté contre l'empire. L'Eglise, nous l'avons vu, était tombée dans le désordre. A Rome, on se disputait la papauté comme un bien féodal. Souvent les empereurs avaient dû intervenir et remplacer sur le trône de Saint Pierre par un homme de leur choix le candidat de l'intrigue ou de la violence. Mais cette tutelle de l'empire qui prétendit bientôt s'exercer sur toutes les charges et les bénéfices devait devenir insupportable à une Église digne de ce nom. Un grand pape, Grégoire VII lutta pour la liberté de l'Église et l'un de ses successeurs, Calixte II, signa, avec l'empereur Henri V, un compromis qui établissait les droits respectifs de l'empereur et du pape. Thierry II assista à Worms à l'acte de réconciliation de l'empereur et de

---

[1] C'est sous son règne que la seigneurie de Montbéliard est appelée pour la première fois un comté (1160). Ce fut, sans donte, une faveur accordée à Thierry par Frédéric Barberousse, son parent.

Calixte II, frère de sa mère Ermentrude de Bourgogne.

Thierry II, s'il est permis d'en juger par ses fondations, était pieux lui-même. Il établit à Montbéliard la Collégiale de Saint-Maimbœuf avec douze chanoines de l'ordre de Saint-Augustin. Il fonda aussi et dota l'abbaye de Belchamp où il appela des Prémontrés.

Thierry n'avait reçu de ses pères qu'un héritage diminué, mais il faisait bonne figure parmi les princes. Il avait une cour, un échanson, un maître des monnaies et même un bouffon. Il avait aussi des amis puissants. En 1156, nous le voyons assister à Wurzbourg au mariage de Frédéric Barberousse, son parent avec Béatrix de Bourgogne arrachée d'abord par l'empereur à la prison et à la pauvreté.

Thierry II mourut peu après 1162 laissant une fille, Agnès, qui épousa Richard II de Montfaucon dont le fils, Amédée, allait devenir la tige d'une nouvelle branche de nos comtes.

PREMIÈRE LECTURE

LE SORT DES PAYSANS AU XIme SIÈCLE

Il est connu de tous à quel point les seigneurs laïques oppriment leurs paysans et leurs serfs, hommes ou femmes. Non contents des obligations imposées par l'usage, ils revendiquent sans cesse et sans merci, les biens avec les personnes, les personnes avec les biens. Outre les cens accoutumés qu'ils exigent, ils mettent trois, quatre fois par an, tant qu'il leur plaît, les biens au pillage, ils accablent les personnes d'innombrables services, ils les grèvent de charges lourdes, insupportables, si bien que la plupart sont obligés d'abandonner la terre qui leur appartient et de se réfugier chez des étrangers. Et ce qui est pire encore, ils ne craignent pas de vendre pour un vil argent ces personnes que le Christ a rachetées de son précieux sang.

Pierre le Vénérable.

DEUXIÈME LECTURE

L'ABBAYE DE BELCHAMP

A peu près à égale distance de la ville de Montbéliard et du village de Mandeure, dans une des plus belles vallées du Doubs, sur la rive gauche de cette rivière et la lisière d'une vaste forêt, il est un groupe de bâtiments, maison de ferme, moulin, château de plaisance, qui, à première vue, attirent l'attention et piquent la curiosité. C'est *Belchamp,* jadis abbaye de Prémontrés, fille de Corneux, près de Gray, et mère du prieuré de Vaux les Vernoy, près Héricourt.

Belchamp était une position bien choisie pour un monastère, éminemment favorable à la prière et au recueillement. Encore aujourd'hui, malgré les envahissements et les bruits de l'industrie moderne, qui s'y est installée, le voisinage de la forêt bordée de noirs sapins, le murmure des eaux, les abords d'une vaste plaine, tout imprime à ces lieux un caractère grave et mélancolique qui saisit involontairement. A l'aspect de cette solitude, quelque chose semble vous dire qu'elle a eu une première destination religieuse et que des moines en ont été les premiers habitants.

L'abbaye de Belchamp fut fondée par Thierry II, comte de

Montbéliard, vers le milieu de ce xiime siècle si fameux par l'enthousiasme des croisades, la construction de nos splendides basiliques, le réveil de la foi et de la civilisation, siècle de saint Bernard et de saint Norbert.

Thierry II avait connu Norbert à la cour des empereurs ; on croit même qu'il lui était attaché par les liens du sang. Ses disciples, placés sous la règle de saint Augustin, avaient une double mission : se sanctifier et sanctifier les autres, allier à toutes les pratiques de la vie monastique toutes les fonctions de la vie cléricale. Le choix du comte est fixé. Il appellera les enfants de Saint-Norbert et il les installera dans son domaine de Belchamp, à côté de son chapitre de Saint-Maimbœuf et ils y établiront une abbaye qui fondera à son tour le prieuré de Vaux les Vernois.　　　　　　　　　　　　　E.-A. BOUCHEY.

TROISIÈME LECTURE

LE PAPE CALIXTE II, ONCLE DE THIERRY II

Lorsque Calixte mourut il avait gouverné l'Eglise cinq ans, dix mois, onze ou douze jours.

Pendant ce court espace de temps, il avait combattu et vaincu — résultat que n'avaient pu atteindre ses prédécesseurs, même les plus illustres — les abus qui désolaient l'Église : les investitures, la simonie, l'incontinence des clercs et le mariage des prêtres ; il avait rétabli la discipline ecclésiastique, défendu efficacement les monastères et les églises contre les empiètements des laïques, assemblé d'importants conciles, qui élaboraient et proclamaient toutes les réformes nécessitées par la situation actuelle de l'Église ; il avait obtenu la réunion de l'Église grecque à l'Église latine ; il avait songé à organiser une croisade en Espagne, en même temps que la Terre-Sainte faisait l'objet de ses préoccupations. Enfin, autant pour le bien général que pour celui de l'Église, il avait mis heureusement un terme par le Concordat de Worms, à la longue querelle des investitures.　　　　　　　　　　　　　Ulysse ROBERT.

CHAPITRE IX

La maison de Montfaucon
(branche aînée)
1162-1282

Amédée de Montfaucon. Richard III. Thierry III
le grand Baron.

A une heure de Besançon, sur un des rochers qui bordent le Doubs on aperçoit encore aujourd'hui les ruines d'un vieux château démantelé par le temps. C'est Montfaucon la principale forteresse de la maison bourguignonne qui a porté ce nom. Cent vingt villages dépendaient de Montfaucon et les fiefs de cette puissante maison s'étendaient de Montfaucon à Morteau, au Val de Ruz et à Valengin.

Richard II de Montfaucon avait épousé Agnès fille de Thierry II. Leur fils Amédée fut appelé à succéder dans le comté de Montbéliard à son grand-père dont le fils, nommé comme lui Thierry et qui avait épousé Gertrude de Habsbourg, était mort sans héritiers. On sait peu de chose du comte Amédée si ce n'est qu'il fut un des fidèles seigneurs de Frédéric Barberousse dont il reçut des faveurs importantes et qu'il fit lui-même des donations nombreuses à l'abbaye de Belchamp. En 1176, nous le voyons même consentir à ce que le chevalier Garnier de Breviliers se donnât à l'abbaye de Belchamp avec sa famille et ses propriétés[1].

Amédée eut un frère Thierry de Montfaucon qui devint archevêque de Besançon. C'était un prélat batailleur qui se fit remarquer au siège de St-Jean d'Acre par l'invention d'une nouvelle machine de guerre. Il mourut de la peste en 1191 sans être revenu dans son diocèse. Une sœur d'Amédée, Agnès de Montbéliard, avait épousé Erard II de Brienne, mère de Jean de Brienne, roi de Jérusalem et empereur de Constantinople. Amédée fut tué en 1195 par Othon de Bourgogne, fils de Frédéric Barberousse. Il laissait deux fils qui gardèrent indivis leurs biens d'au delà du Jura et ne partagèrent que ceux de Franche-Comté. Richard III devint comte de Montbéliard, Gauthier[2] garda Montfaucon.

L'empire était alors livré à une anarchie

---

[1] Voyez la 1re lecture : *les Oblats.*

[2] Le Bourg-Vauthier de Montbéliard doit son nom à Gauthier de Montfaucon. Gauthier est cité dans le roman du Saint-Graal.

profonde. Philippe de Souabe et Othon de Brunswik se disputaient la couronne impériale. Richard et Gauthier prirent le parti de ce dernier et soumirent les terres de leurs adversaires à de terribles ravages. Richard alla jusqu'à enfermer dans son château de Montbéliard l'archevêque de Besançon Amédée de Tramelay qui avait pris le parti de Philippe de Souabe. Les deux frères furent excommuniés. Plus tard même, complètement battus par Philippe de Souabe, ils firent leur soumission.

Les deux frères, forcés à la paix, tournèrent alors vers la Palestine leur humeur batailleuse. Ils se croisèrent. Gauthier resta même en Orient après avoir cédé son héritage à son frère qui transmit à ses enfants tous les biens des comtes de Montbéliard et des sires de Montfaucon.

Vers la fin d'une vie violente et au cours de laquelle le bouillant seigneur n'avait respecté ni moines ni archevêques, ni terres ecclésiastiques ou autres, Richard songea « au remède de son âme », et il crut l'assurer par des donations pieuses. En 1223, il concède à l'archevêque de Besançon deux meix de l'alleu qu'il possédait en toute franchise et liberté à Mandeure. Cette donation fut l'origine des droits que l'archevêque de Besançon prétendit exercer sur Mandeure et de luttes qui se sont prolongées jusqu'à la Révolution.

Richard mourut très âgé en 1237 laissant plusieurs enfants d'Agnès de Bourgogne sœur d'Etienne II, comte de Chalon, l'un, Amédée III, devint sire de Montfaucon, un autre, Etienne, devint haut doyen du chapitre de Besançon, l'aîné, Thierry III, succéda à son père dans le comté de Montbéliard.

Thierry III a été surnommé le Grand Baron et il est bien, en effet, le type du baron du Moyen-Age, violent, querelleur, essayant d'étendre ou d'affermir ses droits par tous les moyens. Ainsi Thierry III avait hérité de son père le titre d'avoué de l'abbaye de Lure. Ce titre mettait l'abbaye sous sa protection. Thierry ne songea qu'à en tirer profit. Excommunié par ses violences à l'égard de l'abbaye, il finit, en 1233, par reconnaître qu'il n'avait d'autre droit sur l'abbaye de Lure que celui de la protéger.

Obligé de laisser Lure tranquille Thierry III se rabattit sur l'abbaye de Murbach, en Alsace. Mais l'abbé battit notre Baron et ne le relâcha que sur sa promesse de rester désormais tranquille. Il promit mais ne tint pas et revint piller les terres de l'abbaye. L'excès de sa colère le perdit. Cette fois, les paysans des terres de l'abbaye irrités contre ce grand pillard se soulevèrent contre lui, s'emparèrent de sa personne et le livrèrent à l'évêque de Strasbourg qui ne le relâcha qu'après avoir pris de sérieux otages.

Thierry eut, en outre, des démélés avec son beau-frère qui dut lui céder la ville de Porrentruy.

Ce que nous savons du grand Baron nous fait comprendre sa liaison avec Rodolphe de Habsbourg. Il fut son compagnon dans les ravages que Rodolphe exerça dans l'évêché de Bâle, il l'accompagne encore, en 1275, à la consécration de la cathédrale de Lausanne. Jusqu'alors, le comté de Montbéliard avait été indépendant. Mais à cette époque de troubles et de violences il fallait avoir de puissants amis. Thierry se reconnut vassal de Rodolphe de Habsbourg et de l'empire.

En outre, préoccupé de laisser ses biens féodaux à une main capable de les défendre et ayant perdu son fils unique il choisit pour héritière sa petite fille Guillaumette de Neuchâtel sur le lac, fiancée du vaillant Renaud de Bourgogne, fils de Hugues de Chalon.

Thierry mourut vers 1285 non sans avoir fait quelques œuvres pies. En 1249, il avait fondé l'hôpital de Montbéliard. Il laissait, en mourant, une rente de 300 marcs d'argent à l'évêque de Bâle, une de 30 livres à la Collégiale de Saint-Maimbœuf et une de 60 sols à l'abbaye de Belchamp.

PREMIÈRE LECTURE

LES OBLATS

L'Eglise avait cherché de bonne heure à augmenter le nombre de ses recommandés, de ses protégés. C'est parmi eux qu'elle pouvait recruter ses ouvriers agricoles, ses domestiques, ses artisans, ses tenanciers aussi ou ses censitaires.

Elle les attira par les avantages matériels qu'elle leur présentait, leur assurant le vivre et le couvert, les protégeant dans leur personne et dans leur avoir contre les entreprises d'autrui. Elle ne les attira pas moins par les avantages spirituels qu'elle leur promettait, par la perspective des récompenses d'outre-tombe.

Non seulement les déshérités et les malheureux affluèrent aux églises et aux couvents, mais les riches suivirent leur exemple, et l'on vit un jour parmi eux une reine. Ils offraient leur personne, ils devenaient *oblats*.

L'oblation, sans doute, était plus ou moins complète, suivant le degré de misère ou de foi. Les uns se bornaient à engager leurs services en échange de la protection et de l'entretien, ou même ne s'obligeaient qu'à payer en signe de sujétion un cens minime par an (quelques deniers, une certaine quantité de cire) des taxes fixes lors du mariage et de la mort; les autres allaient jusqu'à se réduire en servage.

Jacques FLACH.

(Les origines de l'anciene France).

DEUXIÈME LECTURE

LA LÈPRE ET LES RELIQUES

Au retour des Croisés la ville de Montbéliard eut sa part des fruits des expéditions en Asie. Les Croisés infectés de la lèpre la communiquait Cette maladie effrayante et contagieuse commença à se répandre, il fallut penser à en arrêter les progrès. On bâtit un hôpital pour les lépreux au couchant de la ville, à peu de distance au-dessus de la fontaine qui a conservé le nom de fontaine des Ladres. Une certaine vénération qu'on avait pour ces Croisés, qui étaient en quelque sorte regardés comme des saints, fit que cet hôpital fut bien doté. Cette maladie cessa au XVme siècle et on le laissa tomber en ruine. Les revenus qu'il avait furent en partie remis à l'hospice civil.

Montbéliard reçut aussi d'Asie une ample moisson de reliques. On les exposait à la vénération des fidèles suivant la manière de parler usitée avant la Réforme chaque année avant la fête de la circoncision et on annonçait grande indulgence et pardon à ceux qui visitaient dévotement toutes les reliques qui étaient dans l'église de Saint-Maimbre tant celles apportées par les princes et seigneurs de Montbéliard qu'un tas prodigieux d'autres de toutes espèces. Parmi celles venant d'Asie il y avait entre autre une petite Phiole contenant du lait de la Sainte Vierge, une pierre sur laquelle elle en avait fait longtemps couler de ses cheveux, de ceux de Marie-Madeleine, une pierre sur laquelle Jésus avait été longtemps assis, du bois de sa croix, de la pierre de son sépulcre, un fragment de celle sur laquelle Jean-Baptiste avait été décapité, un caillou qui avait servi au martyr de Saint-Etienne, la crèche qui servit de berceau, de la terre ou Adam fut formé, de celle du mont Calvaire, un reste de pain que Jésus-Christ donna à ses apôtres au dernier souper et une foule d'autres encore qu'on disait avoir été apportées de Jérusalem.

On voit de là que chez le chrétien ignorant et corrompu il en était de même que chez les payens. Tout était pour eux objet de culte et de vénération. Cette superstition a diminué en proportion de ce que les lumières se sont répandues, mais ces lumières mêmes marchant d'un pas égal avec l'irréligion et le libertinage nous entraînent dans des excès entièrement opposés. Nos pères trouvaient partout des dieux, aujourd'hui Dieu lui-même est en quelque façon méconnu, et l'on voudrait fermer les yeux sur les opérations les plus manifestes de sa providence et de sa justice. De là naîtront une foule de désordres que les forces humaines ne pourront réprimer.

FALLOT.

CHAPITRE X

La maison de Châlon (1282-1321).

Renaud de Bourgogne, 1282-1321.

Othenin, 1321-1332.

La maison de Montfaucon (Branche cadette).

Henri Ier, 1332-1367. Etienne, 1367-1397.

Thierry III était donc mort en 1282 laissant son comté entre bonnes mains, à Renaud de Bourgogne, époux de son arrière-petite-fille, Guillemette de Neuchâtel sur le lac. Renaud appartenait à la puissante maison française de Châlon. Fils de Hugues, comte de Bourgogne et d'Alix de Méranie, frère d'Otton qui avait hérité du comté de Bourgogne, plus tard, oncle d'une reine de France, héritier par sa mère de biens considérables, Renaud est un grand seigneur du moyen-âge. Il avait malheureusement aussi les défauts de son temps. Hardi, aventureux, dur à lui-même et aux autres, pillard et d'une bonne foi souvent douteuse, il passa sa vie dans les batailles, souvent battant, souvent battu, prisonnier quelques fois et recommençant toujours la lutte dès qu'il avait réuni de nouveaux hommes d'armes et de nouvelles sommes d'argent.

Renaud eut d'abord des contestations avec ses cohéritiers jaloux de son bel héritage.

Pour avoir les mains libres, il apaise Thiébault de Neuchâtel, petit-fils de Thierry III, en lui cédant Blamont et le Châtelot (1382). Puis il entre en lutte avec l'évêque de Bâle, Henri d'Isny, auquel il prend Porrentruy qui faisait brèche à son héritage. Mais Henri d'Isny avait un puissant protecteur et ami, l'empereur d'Allemagne, Rodolphe de Habsbourg. Celui-ci sentait bien le danger qu'il y aurait pour lui-même à laisser Renaud devenir trop puissant. Le comté de Montbéliard était la route naturelle vers la Bourgogne et la France. Il importait à l'empereur que le possesseur de cette terre ne relâchât pas trop ses liens avec l'empire.

De là le soin que Rodolphe mit à soutenir les évêques de Bâle et à réduire l'impétueux Renauld. Celui-ci, battu une première fois, en 1284, dut céder Porrentruy. Pour se venger, il s'appuie sur son frère Otton de Bourgogne, grand ami du roi de France, et il recommence la lutte. Rodolphe de Habsbourg vient alors à Montbéliard et en Franche-Comté et oblige

Renaud à lui rendre hommage et à payer une forte amende 8000 livres tournois (1288).

Renaud ne fut pas guéri de ces leçons et s'engagea bientôt dans d'autres aventures.

En 1295, son frère Otton de Bourgogne avait fiancé sa fille au futur roi de France Philippe le Bel, en cédant à la France son comté de Bourgogne comme dot de sa fille. Cela ne fit pas l'affaire de Renaud. Il était ennemi de l'empereur et ne voulait pas que sa suzeraineté nominale sur son comté devient trop réelle, mais il ne souciait pas davantage d'être le vassal du roi de France. Il se mit à la tête de la coalition des mécontents. Mais ceux-ci furent mal soutenus par le successeur de Rodolphe de Habsbourg, les barons comtois furent vaincus et Renaud dut se reconnaître vassal du roi de France.

Toutes ces batailles n'avaient enrichi ni Renaud, ni ses sujets. Il mourut en 1321 en laissant derrière lui du moins quelque chose de bon, l'acte qui affranchissait les habitants de Montbéliard et leur accordait des franchises étendues. C'est en 1283 que Renaud et Guillemette érigèrent Montbéliard en commune. Cet acte n'était pas purement gracieux. Renaud avait besoin d'argent et c'est au prix de mille livres qu'il vendit à ses bourgeois de Montbéliard les franchises auxquelles ils s'attachèrent si fort. Mais il faut reconnaître que les droits accordés furent très larges pour le temps. C'est de cette époque que date le commencement de la prospérité de la ville. A l'abri des franchises, le commerce put naître et la population s'accrut rapidement.

Renaud ne laissait qu'un fils, Othenin, qui était faible d'esprit. Il régna jusqu'en 1332 sous la tutelle de son oncle Hugues de Bourgogne. En 1332, eut lieu le partage définitif de l'héritage de Renaud. Sa fille Agnès, qui avait épousé Henri de Montfaucon, obtint pour sa part le comté de Montbéliard et Granges, Jeanne, veuve d'Ulric de Ferrette et épouse de Rodolphe Hesse, margrave de Bade, eut Belfort et Héricourt, Alix épousa Jean II de Chalon, comte d'Auxerre et n'eut que des rentes en partage.

Henri de Montfaucon (1332-1367).

Henri de Montfaucon était pour Renaud un digne successeur. Riche, bien apanagé, c'était aussi un grand ami des coups et des batailles. On le trouve pendant trente ans sur tous les champs de bataille de l'Europe. En 1328, il est à Cassel aux côtés du roi de France, Philippe de Valois, allié du comte de Flandre contre les Flamands révoltés. En 1335, avec un certain nombre de ses vassaux, il passe en Angleterre pour aider le roi Edouard dans sa lutte contre les Ecossais. L'année suivante le voilà lancé avec les barons dans une lutte terrible contre le duc Eudes de Bourgogne qui voulait restreindre les droits des seigneurs et leurs exactions. Mais ses alliés et lui éprouvent à la *Malecombe*, près de Besançon, une sanglante défaite et ils sont obligés d'accepter la trève qui leur est imposée. Ayant repris la lutte seul avec Jean de Chalon, il est encore battu et obligé de subir l'arbitrage de Philippe de Valois. Philippe le condamne à perdre Chaussin et à se laisser enfermer dans la prison du Louvre. Il n'en sort guère que pour reprendre les armes, mais cette fois il est avec les barons comtois du côté du roi de France contre le roi d'Angleterre et ses prétentions. Quand une trève est signée entre ces deux princes, Henri de Montfaucon et ses compagnons d'hier se battent entre eux. Un intérêt futile le met aux prises pendant des années avec son neveu Louis de Neuchâtel sur le lac. Quand ces contestations sont terminées, voici la guerre des deux Bourgognes qui a son contre-coup à Montbéliard, puis les ravages des grandes compagnies contre lesquelles Henri a souvent à lutter.

On se demande ce que devenait le pauvre peuple au milieu de ces incessants combats. D'autant plus qu'à ces maux de la guerre d'autres venaient se mêler. C'était la peste qui enleva à cette époque les deux tiers de la population du comté, la lèpre qui forçait les princes à construire des léproseries pour les malheureuses victimes de ce terrible mal.

Le commerce existait à peine alors et il était tout entier entre les mains des Lombards et des juifs. Mais les juifs étaient haïs de leurs débiteurs, persécutés par le clergé qui demandait sans cesse leur expulsion et les princes ne rougissaient pas de s'enrichir de leurs dépouilles. Henri, plus sage, les accueillit à Montbéliard et leur permit de s'y établir comme commerçants et comme changeurs.

Ce grand batailleur ne manquait pas d'esprit politique. Il était à la fois pensionné par le roi et vicaire de l'empire en Bourgogne. Il sut par un habile mélange d'énergie et de patience faire rentrer dans l'ordre les bourgeois de Montbéliard qui avaient essayé de se révolter contre lui. Il était moins prodigue que Renaud et, quand il mourut, en 1367, il laissait à Etienne, son fils, un fort bel héritage : le comté de Montbéliard, la chatellerie d'Etobon, Granges, Marnay, Passavant, Clerval, une partie des domaines des sires de Montfaucon, qui s'étendaient de Besançon au val de Morteau et de celui-ci au comté de Montbéliard. Trois cents vassaux lui obéissaient et quelques-uns d'entre eux étaient du plus haut rang. Telle était la riche succession qu'Etienne de Montbéliard recueillit sans partage.

Etienne (1367-1397).

Il y a deux périodes dans la vie du comte Etienne.

Dans la première, il se laisse aller sans réserve à son amitié pour ses voisins les ducs de Bourgogne. Il met à leur service sa puissance et sa richesse. Dans la seconde, au contraire, il se montre plus réservé. Il reste dans ses terres occupé à économiser et à étendre ses domaines par d'heureuses transactions.

Dès l'année 1368, nous voyons Etienne de Montbéliard épouser la querelle du célèbre sire de Coucy et s'allier avec lui contre les ducs d'Autriche. Ceux-ci voyaient avec inquiétude grandir la maison de Bourgogne qui venait de réunir à ses domaines le comté de Flandre. Les amis de cette puissante maison leur étaient suspects au même titre. Mécontent du comte Etienne ils le firent surveiller par son adversaire, Thiébaut VII de Neuchâtel, toujours en guerre avec son voisin et parent de Montbéliard. Ils s'emparèrent aussi de la ville et de la seigneurie d'Héricourt, qui resta finalement à Thiébaut de Neuchâtel pour récompense de sa fidélité.

Etienne finit par comprendre que toutes ces guerres continuelles avec Thiébaut de Neuf-châtel, avec les ducs d'Autriche, avec Jean de Habsbourg, épuisaient ses ressources sans pro-fit réel. Il traita, en 1375, avec Thiébaut de Neuchâtel. Il se réconcilia avec les ducs d'Autriche et reçut même dans son château de Montbéliard le duc Léopold et son beau-père Philippe le Hardi, duc de Bourgogne et ne parut dès lors occupé que de consolider la puissance de sa maison.

Etienne avait épousé, en 1359, Marguerite de Chalon-Arlay qui lui apportait entre autres la ville de Quingey. Etienne sut encore agrandir le bel héritage qui lui avait été transmis. Porrentruy, Baume-les-Dames, Clerval et les vingt-trois villages qui en dépendaient furent acquis par lui. Sa suzeraineté s'étendait de Besançon à Porrentruy dans l'évêché de Bâle, de Cicon, près d'Ornans à Granges, sans parler des fiefs de Suisse, Orbe, Echallens, Montigny-le-Courbe, qui appartenaient à sa maison de Montfaucon.

La fin de ce prince brillant fut profondément triste.

Il avait eu quatre enfants, Henri, Jean, Philippe, Jeanne. Tous moururent avant lui. Quand sa fille Jeanne, qui avait épousé Jean de Châtelbelin, fut descendue dans les caveaux de St-Mainbeuf (1388), le vieux comte ne put plus supporter le séjour du château de Montbéliard et se retira quelque temps à Montfaucon. Mais une douleur plus grande l'attendait encore. Son fils aîné, connu sous le nom de Henri d'Orbe, un des plus brillants chevaliers du temps, hôte assidu et remarqué aussi bien de la cour de Bourgogne que de celle de France, ardent soutien des ducs de Bourgogne dans la guerre des Flandres, était parti, en 1396, avec la fleur de la chevalerie bourguignonne pour aller, sous la conduite nominale du comte de Nevers, à la rencontre de Bajazet. La valeur personnelle des seigneurs qui formaient cette armée ne put compenser leur défaut de discipline et d'entente : ils furent écrasés à Nicopolis (1396) et Henri d'Orbe resta parmi les morts.

Le vieux comte mourut d'inquiétude et de

tristesse, laissant son riche héritage à quatre petites filles, nées du mariage d'Henri d'Orbe avec cette gracieuse Marie de Châtillon, qui avait si souvent fait partie des fêtes de la cour de Dijon.

Les grands seigneurs des alentours convoitaient le riche héritage qui restait aux mains de ces enfants. Dès 1397, on leur choisit des maris, l'aînée avait dix ans ! Elle s'appelait Henriette. Elle héritait à elle seule d'un tiers de la succession, c'était Montbéliard, Granges, Clerval, Passavant, Etobon, Porrentruy, Saunot. Elle fut promise à Eberhard de Wurtemberg. La seconde, Marguerite, héritait des terres suisses de la seigneurie de Montfaucon : Orbe, Echallens, Montigny-le-Courbe, etc. Elle fut fiancée à Humbert de la Roche. Jeanne, apportait Montfaucon, Vuillafans, Myon, Cicon, à son futur mari, Louis de Châlon-Arlay. La moins bien partagée, Agnès, qui n'avait que des terres éloignées les unes des autres, était promise au fils du perpétuel ennemi de son grand-père, à Thiébaud VIII de Neufchâtel.

Ce partage démembrait pour jamais les beaux domaines des Montbéliard-Montfaucon. En outre, le comté de Montbéliard lui-même passait avec ses dépendances sous la domination étrangère des comtes de Wurtemberg. Mais du moins était-il placé sous un droit nouveau, soumis au régime de la loi salique. Dès lors, il ne pouvait plus passer, par mariage, d'une maison dans une autre ; il devint un fief d'empire passant aux agnats à défaut de descendance masculine.

PREMIÈRE LECTURE

LES FRANCHISES

Dans nos Franchises, Renaud et Guillaumette déclarent affranchir et rendre libres à perpétuité le château et la ville de Montbéliard avec leurs habitants présents et à venir de toutes tailles, services, corvées et servitudes quelconques, cet affranchissement s'étendant aux maisons et autres héritages, biens meubles et immeubles des habitants de Montbéliard, quelque part qu'ils soient situés, s'engageant de plus à défendre et protéger en tout temps, en tout lieu et contre quiconque les bourgeois et habitants de Montbéliard et tous leurs biens en quelque lieu qu'ils soient ; le tout moyennant une somme de mille livres estevenantes une fois payée et un droit annuel de douze deniers, monnaie de Besançon, par chaque toise de façade de leurs maisons ou cheseaux vides situés dans le château ou dans la ville de Montbéliard[1].

[1] La toise était de dix pieds de Montbéliard, environ 2 m. 893. On peut estimer que la livre estevenante ou de Besançon, représentait alors environ 15 francs de notre monnaie ; elle répondait à 14 sols 9 deniers tournois et se divisait en 20 sols estevenants, le sol en 12 pites et la pite en 4 niquets. Les 12 deniers qui, au moment de la convention de l'impôt représentait environ 0 fr. 75 de notre monnaie, n'ont jamais subi la transformation naturelle due à la diminution de valeur de l'argent et se sont toujours payés par 12 deniers c'est-à-dire par

Examinons rapidement les différentes clauses de l'acte.

« La ville sera gouvernée par un conseil de neuf bourgeois élus, par le suffrage universel, le comte se réservant le droit d'établir, pour tenir sa justice et percevoir ses droits, un maire pris parmi les bourgeois à moins qu'il n'en trouve pas d'acceptant. Les neuf bourgeois sont chargés de rendre la justice, mais ils ne peuvent prononcer seuls une amende de plus de 60 sols à moins que le délit n'ait été commis dans une foire ou sur un marché, cas auxquels les amendes sont doublées. Si l'amende devait excéder cette limite, les neuf bourgeois devront s'adjoindre trois chésels de la ville (bourgeois notables). Le seigneur ne peut être appelé à prononcer que dans le cas ou les juges ordinaires ne pourraient s'accorder sur la peine à appliquer. En ce cas, le seigneur est tenu de rendre *bon droit et léal à droit et us de Montbéliard.*

» Le seigneur renonce à toute aubaine en fait d'héritages, si ce n'est pour la succession des bâtards dont il héritera.

» Si quelque bourgeois de la ville est saisi, lui ou ses biens, pour la cause du seigneur, celui-ci est tenu de tout faire pour le délivrer, même la guerre à grande et petite force, et cela dans le délai que fixeront les neuf bourgeois.

» Le seigneur y est tenu de même si le bourgeois est pris pour sa personne ou pour son fait ou pour la ville de Montbéliard.

» Au cas où un bourgeois veut quitter la ville et renoncer à la bourgeoisie, s'il va prendre congé du seigneur, celui-ci est tenu de le faire conduire lui, sa famille et ses bagages, dans la direction où il voudra aller, pendant une nuit et un jour. Cette conduite n'est pas due si l'émigrant a négligé la politesse de la visite d'adieu.

un sol. Cet impôt, contrairement à ce qui se remarque partout, a donc toujours été réellement en diminuant et de très léger déjà qu'il était à l'origine il était arrivé à une somme à peu près insignifiante puisqu'il représentait pour une maison ayant cinq fenêtres par étage à la façade et pour son propriétaire, quelle que fut du reste sa fortune, un impôt unique qui variait de 0 fr. 25 à 0 fr. 40 au plus.

» Les bourgeois sont libres de recevoir dans la bourgeoisie qui bon leur semblera, à l'exception des sujets taillables et des sujets féodaux du seigneur établis hors de Montbéliard.

» Dans le cas où le seigneur viendrait à reprendre en fief Montbéliard de qui que ce soit, il s'engage à faire approuver les franchises par le prince auquel il en fera hommage ».

Voilà, en sommaire, l'acte constitutif de la commune et de la bourgeoisie de Montbéliard. Les bourgeois de la ville affranchis de toute servitude et de toute redevance envers le seigneur, à l'exception de 12 deniers par toise de façade de leurs maisons. La ville gouvernée par une commission nommée par tous les bourgeois. Cette même commission s'adjoignant, dans certains cas déterminés, trois habitants notables et rendant la justice à ses co-bourgeois dans tous les cas. Les arrêts rendus selon les usages locaux et les lois de l'empire dont le comté de Montbéliard relevait immédiatement, voilà, en pratique, dès le XIIIme siècle, et réduits à leur plus simple expression, les institutions libérales les plus avancées des temps modernes. Voilà une vraie république constituée dans nos murs et rien n'y manque, les magistrats administrateurs et judiciaires élus au suffrage universel, les citoyens jugés par leurs pairs. Ces institutions, grâce à leur simplicité qui mettait chacun à même d'en comprendre parfaitement le mécanisme, se sont conservées intactes jusqu'à l'époque de notre réunion à la France et ont ainsi régi notre ville pendant 510 ans, malgré les empiètements tentés par quelques-uns de nos comtes surtout dans les derniers siècles, mais auxquels la bourgeoisie a toujours su résister énergiquement.

D'après Luc WETZEL.

DEUXIÈME LECTURE

ORGANISATION POLITIQUE, ADMINISTRATIVE ET JUDICIAIRE DU COMTÉ

Le comte ou prince de Montbéliard exerçait sur le pays tous les droits de la souveraineté, mais sous la suzeraineté immédiate de l'empire d'Allemagne.

Le comté était gouverné au nom du souverain, qui n'y résidait pas toujours d'une manière continue, par les autorités suivantes : 1° le Bailli ; 2° le Chancelier ; 3° le Conseil de Régence, composé d'un nombre de membres illimité ; 4° le Procureur général. Au XVIme et au XVIIme siècles, ces dignitaires portaient des robes mi-partie jaunes et noires à la livrée du Wurtemberg.

La justice civile et criminelle était administrée dans chaque village par la *prévôté*, formée de cinq juges que choisissait la régence « parmi les plus sensés et intelligents habitants de la campagne ». Les appels se portaient devant la cour et chancellerie de Montbéliard.

ORGANISATION MUNICIPALE DE LA VILLE

DE MONTBÉLIARD

La ville de Montbéliard qui jouissait de franchises municipales importantes depuis 1283, était administrée par un *Magistrat*. Ce mot était employé pour représenter une autorité collective ; en effet, le Magistrat de Montbéliard se composait de trois parties:

1° Les *neuf bourgeois*, administrateurs de la justice et de la police, savoir : 1° le chef du magistrat, appelé *maitre bourgeois en chef*, qui présidait les assemblées municipales, représentait la ville et parlait en son nom ; 2° le *conforteur*, son suppléant ; 3° le *baumestre*, chargé des bâtiments ; 4° le *clerc du papier*, secrétaire de la municipalité ; 5° le *clerc des décharges*, qui contrôlait les recettes et les dépenses ; 6° le *taxeur de la boucherie*. Les trois autres bourgeois, appelés *novices*, étaient sans fonctions spéciales.

2° Les *dix-huit*, élus chaque année par les chefs d'hôtel de la ville (les propriétaires) et qui élisaient à leur tour le pouvoir exécutif confié aux neuf bourgeois. Ces dix-huit élus, formés en assemblée, devaient représenter le conseil municipal.

3° Enfin les habitants *notables*.

Le magistrat était responsable devant le souverain ou la régence, de la bonne police de la ville. Il employait divers agents, dont l'un, le plus infime, avait des fonctions étranges. Appelé *tue-chiens* et *chasse-pauvres,* il était aussi chargé de tondre les femmes de mauvaise vie et de les conduire hors des murs.

On verra par la suite de cette histoire qu'il y a eu souvent conflit entre les bourgeois et le comte, entre le pouvoir électif et le principe de l'hérédité féodale. Comme des esclaves rachetés, les bourgeois de Montbéliard avaient obtenu leurs franchises à prix d'argent et avaient ainsi doublement comme hommes et comme acheteurs le droit de tenir à la liberté.

CHAPITRE XI

Montbéliard sous les Wurtemberg
1397-1498

*Eberhard IV et Henriette. Louis Ier et Ulric V.
Louis II. Eberhard V le Barbu.
Le comte Henri. Eberhard V et Eberhard VI.*

Henriette de Montfaucon-Montbéliard et son mari régnèrent ensemble sur le comté de Montbéliard. Mais Eberhard IV mourut déjà en 1419, laissant deux fils en bas âge. Louis et Ulric qui lui succédèrent sous la tutelle de leur mère. Henriette avait tout ce qu'il faut pour gouverner. Elle sut se faire respecter elle-même et son pays. C'est ainsi qu'elle fit enfermer jusqu'à sa mort, dans le château de Montbéliard, un comte de Hohenzollern qui l'avait gravement offensée. Elle habita d'ailleurs fort peu le comté de Montbéliard qui, jouit d'une assez grande tranquillité sous son règne. Elle le visita pourtant en 1431 et signala son passage par des bienfaits réels. Elle consentit alors à abolir certaines servitudes et coutumes de main-morte qui pesaient durement sur les « *pauvres gens* », comme elle disait elle-même.

Aussi est-elle restée longtemps « *la bonne comtesse* » dans le souvenir de ses sujets. Ses dernières années pourtant ne furent pas heureuses. Le pays de Montbéliard fut ravagé par le comte d'Armagnac, rival du duc de Bourgogne. Elle-même, fut accusée par ses fils de leur préférer Anne, leur sœur. Elle fut enfermée quelque temps dans le château de Nurtingen, puis reléguée dans le comté de Montbéliard, laissé seul sous son autorité. Elle mourut en 1444.

Ses deux fils, Louis Ier et Ulric V, régnèrent d'abord ensemble sur le pays de Montbéliard (1444-1446). Leur début de règne ne fut pas heureux. Le roi de France, Charles VII, pour rétablir l'ordre dans son royaume, cherchait à se débarrasser des Armagnacs ou des Grandes Compagnies qui l'infestaient. Il répondit avec empressement à l'appel de l'empereur d'Allemagne et du pape qui, menacés dans leur pouvoir despotique, s'étaient adressés à lui. Le pape Eugène IV promit au roi de confirmer sa pragmatique sanction sur les libertés de l'Eglise gallicane, à condition qu'il enverrait des troupes pour dissoudre le concile de Bâle, dont les projets de réforme favorisaient la liberté et menaçaient le pouvoir papal.

Le duc Sigismond d'Autriche, en guerre

avec les Suisses, sollicitait également le secours du roi de France. Charles VII accueillit leurs demandes et envoya, entre autres, le dauphin Louis, qui traversa la Bourgogne et vint, en se dirigeant vers Bâle, mettre le siège devant Montbéliard. Le gouverneur, intimidé par l'armée du dauphin, ouvrit les portes de la ville, qui fut restituée d'ailleurs, l'année suivante, au comte de Wurtemberg.

En 1446, les deux princes régnants partagèrent leurs états. Ulric V eut une partie du Wurtemberg ; Louis Ier reçut le comté de Montbéliard et quelques dépendances du Wurtemberg : il devint ainsi le chef de la première branche de Montbéliard-Wurtemberg et régna de 1446 à 1450. Ses fils, Louis II et Eberhard le Barbu lui succédèrent. Mais Louis II mourut en 1457 et Eberhard le Barbu resta seul en possession du comté de Montbéliard.

Eberhard le Barbu était un homme de valeur. Il avait beaucoup voyagé. Il aimait les arts, les sciences et protégeait les savants. Il appela à sa cour le célèbre Reuchlin. Profondément religieux, il avait pour amis les prêtres les plus éclairés de son temps. Il savait en même temps maintenir ses droits en face des prétentions despotiques des papes. Il avait épousé la princesse Barbe, fille de

Louis de Gonzague, marquis de Vérone. Elle était lettrée et grande amie de la Renaissance. Mêlé aux affaires de l'Allemagne, Eberhard y joua un rôle important que l'empereur Maximilien reconnut en érigeant le comté de Wurtemberg en duché.

Eberhard mourut en 1496, laissant derrière lui une grande réputation. En visitant son tombeau dans l'église d'Einsiedeln, l'empereur Maximilien s'écria : « J'ai souvent profité des conseils d'Eberhard, nul, dans tout l'empire, ne peut lui être comparé en vertu, en sagesse, en prudence. » Bel hommage rendu au petit-fils d'Henriette de Montfaucon.

Malheureusement pour notre pays Eberhard n'était pas resté longtemps le maître à Montbéliard. Pour faire une situation à son cousin Henri de Wurtemberg, fils d'Ulric V, le généreux Eberhard lui avait cédé l'usufruit et le gouvernement de Montbéliard et des seigneuries adjointes. Henri, prince prodigue et dissipé, vint donc s'établir à Montbéliard.

Depuis que Montbéliard avait passé sous la domination de princes wurtembergeois, les relations de famille et d'amitié avec la Bourgogne s'étaient peu à peu relachées. L'ambition de Charles le Téméraire fit le reste. Ce duc de Bourgogne voulait être roi. Il finit par inquiéter tout le monde. Les Suisses et Sigismond, Louis XI, les évêques de Bâle et de Strasbourg, le duc René de Lorraine, le comte de Montbéliard formèrent contre lui la *Ligue héréditaire* (1474).

Cette Ligue mit le Téméraire en fureur. Le comte Henri fut une de ses premières victimes. Arrêté traîtreusement sur les terres du duc, le jeune prince fut destiné à faire céder la ville de Montbéliard qui résistait aux troupes du duc de Bourgogne. Olivier de la Marche somma Marc de Stein d'ouvrir les portes de la ville à défaut de quoi le comte Henri serait mis à mort. Le gouverneur répondit qu'il y avait d'autres ducs de Wurtemberg et que les confédérés sauraient venger la victime. On déploya alors sur la colline qui fait face au château un tapis de velours noir, Henri fut forcé de se mettre à genoux, le bourreau leva son épée nue et la sommation fut répétée. Cette sinistre comédie, plusieurs fois renouvelée, n'ébranla pas Marc de Stein. Les bourguignons honteux durent lever le siège de la ville. Henri retourna en prison jusqu'à la mort du Téméraire, mais les terribles émotions qu'il avait traversées avaient aussi ébranlé sa raison.

Cette scène tragique fut suivie, en Alsace et en Suisse, d'incroyables violences. Au commencement de cette même année (1474), Charles le Téméraire, encore en paix avec Montbéliard, avait passé par cette ville et y avait *ouï ses trois messes*. Quelques mois après, il faisait assommer dans le territoire de Belfort les paysans et les curés. Au couvent de St-Ulrich, près de Montreux, ses officiers faisaient arracher le prêtre de l'autel, jetaient les hosties à terre et les foulaient aux pieds. Un Varembon[1], un Montaigu[2], un Blamont[3] assistaient à ces profanations.

La politique avait, on le voit, séparé les ducs de Wurtemberg de leurs cousins de Neufchâtel et de la Roche St-Hippolyte. Les Neufchâtel étaient restés du côté bourguignon. Le chef de la maison, Claude de Neufchâtel, seigneur de Blamont, était le lieutenant de Charles le Téméraire sur les frontières d'Allemagne. Le 19 octobre 1474, il reçut dans son château de Blamont la visite des délégués des comtes qui faisaient partie de la *Ligue héréditaire*. Ils venaient *dénoncer leur foi* au duc de Bourgogne, c'est-à-dire lui déclarer la guerre. Claude les reçut tous ensemble, les conduisit dans la grande salle du château et leur offrit

---

1 Claude de la Palud, comte de la Roche St-Hippolyte.
2 De la famille de Neufchâtel.
3 De la famille de Neufchâtel.

un grand festin. Pendant le repas les fifres et les trompettes retentirent. Après quoi il envoya un messager au duc de Bourgogne pour lui transmettre la dénonciation de fidélité. *(Chronique bâloise de Knebel)*.

Les hostilités suivirent de près. Dès le 31 octobre, les Suisses vinrent mettre le siège devant Héricourt qui appartenait à Claude de Neufchâtel. Celui-ci accourut avec une armée de Bourguignons, Picards, Lombards et Anglais. Elle fut taillée en pièces par la valeur des Suisses. La ville fut prise le 16 novembre et occupée par le duc Sigismond. Blamont fut prise et rasée l'année suivante. Le Téméraire lui-même fut battu à Grandson (2 mars 1476), à Morat (22 juin) et alla périr sous les murs de Nancy (5 janvier 1477). Les sires de Neufchâtel et leur cousin, le prince d'Orange, furent les principales victimes du traité qui suivit cette mort. Une grande partie de leurs seigneuries leur fut enlevée. La maison de Châlons-Orange ne devait jamais recouvrer les domaines de Suisse, Orbe, Echallens, Montigny-le-Courbe, qui avaient si longtemps appartenu à leurs ancêtres les Montfaucon-Montbéliard.

Montbéliard avait beaucoup souffert pendant ces guerres de Bourgogne. Henri n'était pas un prince à réparer des brèches. Il le sentit. Atteint dans sa santé, il céda le comté à son frère, Eberhard le jeune, et se réserva la seigneurie de Riquewhir où il se retira. Il ne tarda pas à y mener une vie qui put le faire accuser d'aliénation mentale, forçant ses sujets à lui prêter de l'argent et les bannissant ensuite au lieu de les payer, attentant à l'honneur des femmes et des filles, faisant fouetter l'aumônier qui lui faisait des reproches et mêlant à tout cela une dévotion maladive qui n'était que trop celle de son temps.

Son frère, qui ne l'aimait guère, prit le prétexte de cette conduite pour l'enfermer dans le château d'Urach où le rejoignit sa seconde femme, Eve de Salm. C'est là que mourut le malheureux prince, en 1519.

Montbéliard pendant ce temps était retombé sous la sage direction d'Eberhard le Barbu (1482-1496). Ce prince excellent était grand ami de la paix. Il chercha au milieu des compétitions des grands seigneurs de son temps à garder une utile neutralité. Il fut aussi de ceux qui cherchaient dès lors à réagir contre les guerres folles et ruineuses pour les peuples que les princes se faisaient entre eux. Il fut un des promoteurs de cette *Ligue de Souabe* destinée à combattre quiconque violerait la paix publique.

Eberhard le Barbu se rendait à lui-même un beau témoignage quand il disait qu'il n'y avait pas un seul de ses sujets sur les genoux duquel il ne put s'endormir et passer une nuit d'été sans la moindre inquiétude.

Ce prince excellent mourut en 1496 sans laisser d'enfants. Eberhard VI, le jeune, lui succéda dans tous ses états. C'était un mauvais prince contre lequel les états de Wurtemberg ne tardèrent pas à porter plainte auprès de l'empereur Maximilien. Celui-ci leur donna raison, déposa Eberhard VI et du duché de Wurtemberg et du comté de Montbéliard un enfant en hérita, le jeune duc Ulric, fils du malheureux comte Henri (1498).

LECTURE

BATAILLE D'HÉRICOURT

Novembre 1474.

Peu de temps après, les Bernois suivis de ceux de Soleure, de Fribourg et de Bâle, réunis en corps d'armée, pénétrèrent en Franche-Comté et vinrent mettre le siège devant la petite ville d'Héricourt appartenant aux seigneurs de Neuchâtel[1]. Ils furent joints sous les murs de cette place par les Strasbourgeois et par les troupes du duc d'Autriche ; l'armée, forte d'environ 18000 hommes et commandée par Jean de Bœrenfels, commença le siège.

[1] Les seigneurs de Neuchâtel suivaient le parti de Charles le Téméraire, duc de Bourgogne.

Quoique le duc Sigismond eût envoyé de l'artillerie et que les gens de Strasbourg eussent amené, avec beaucoup de peine, deux grosses couleuvrines, la brèche s'ouvrit lentement : le temps était froid, les Suisses n'avaient pas grande provision de vivres ; ils demandaient l'assaut à grands cris. Le 13 novembre, un peu avant le jour, un écuyer de Strasbourg, nommé Haag, qui était allé au fourrage avec quelques autres, tomba dans les postes avancés d'une armée ennemie. Il rentra promptement au camp et avertit que les Bourguignons approchaient. Bientôt on aperçut la lueur de leurs feux et de l'incendie d'un village qu'ils brûlaient.

C'était le maréchal de Bourgogne, Claude de Neuchâtel, qui arrivait avec 5000 combattants ; le comte de Romont ne tarda pas à le joindre avec 8000 hommes d'infanterie et 12000 cavaliers descendant par les passages des montagnes qui séparent le pays de Vaud de la Franche-Comté. Les gens de Zurich postés en avant de la route par où l'ennemi arrivait se replièrent, après avoir perdu cinq des leurs. Les chefs s'assemblèrent pour régler l'ordre de la bataille. Les Alsaciens furent laissés à la garde du camp pour arrêter les sorties de la garnison d'Héricourt : le reste de l'armée fut divisé en deux corps, l'un sous les ordres de Félix Keller, de Zurich, devait s'avancer en belle ordonnance vers l'ennemi. Les Autrichiens qui formaient la cavalerie devaient se tenir en réserve derrière les Suisses.

Le comte de Romont avait placé son armée dans une forte position, l'étang de Rainans à sa droite, un bois à sa gauche : il semblait qu'il ne pouvait être attaqué par les flancs et qu'il fallait le combattre en face. Les alliés avançaient en silence avec leurs longues piques ou leurs hallebardes. Derrière eux, leur cavalerie, bien moins nombreuse que celle des Bourguignons, restait en réserve. L'action n'était pas encore engagée et toute l'attention du comte de Romont et de ses capitaines était tournée vers ce corps de bataille qui marchait serré et à pas lents, quand tout à coup il entendit, à son aile gauche, le cri de guerre des Bernois : « Berne et St-Vincent. » Et aussitôt l'artillerie commença à tirer. De ce côté étaient les gens de Berne, de Lucerne, de Soleure et de Bienne, qui, sous la conduite de l'avoyer Scharnachthal avaient suivi un chemin à travers le bois : leur choc fut terrible. Les Lombards, les Flamands, les Picards et les Bourguignons étaient assurément vaillants et avaient l'expérience de la guerre, toutefois ils n'avaient jamais rien vu de pareil à cet élan furieux des Suisses. Ces cris épouvantables, cette ardeur à s'exciter, à se surpasser les uns les autres, cette impétuosité irrésistible eurent bientôt jeté l'effroi parmi l'armée du comte de Romont ; son infanterie fut rompue, la cavalerie essaya de venir l'appuyer et d'arrêter la marche des Suisses. Les longues piques ne laissèrent point approcher les chevaux : le nombre des assaillants semblait s'accroître à chaque moment et leur attaque devenait plus vive. Le combat ne dura guère ; le désordre et le désespoir se mirent parmi les Bourguignons ; les hommes d'armes autrichiens et les nobles de Souabe commencèrent à se lancer à la poursuite des fuyards ; la déroute fut complète et sanglante ; la cavalerie des alliés n'éprouva aucune résistance, et arriva jusqu'à Passavant où, la veille, s'était réunie l'armée du comte de Romont : les bagages et les munitions furent pillés, le feu fut mis au village ; l'avoyer Scharnachthal sauva des charriots d'artillerie et une grosse couleuvrine qui fut menée en triomphe à Berne. Benoit Conrad, de Soleure, rapporta la bannière du seigneur de L'Isle qu'il avait prise de sa main. Le carnage avait été grand ; plus de 20000 hommes restèrent sur le champ de bataille. De 800 habitants de Faucogney qui passaient pour les plus vaillants de la Comté, il n'en revint qu'un sur dix. Les Bourguignons, les Picards et les Savoyards rachetèrent leur vie ; mais, quant aux Lombards, il n'y eut nul moyen de les sauver, c'était à eux que l'on imputait toutes les horreurs commises dans le pays de Ferrette.

La forteresse d'Héricourt n'espérant plus d'être secourue, fut contrainte de se rendre ; c'était Étienne de Hagenbach qui y commandait ; il obtint de se retirer avec la garnison. L'hiver s'avançait, les vivres étaient rares, les maladies commençaient à se déclarer dans l'armée des alliés.

L'armée des Bourguignons était dissipée, l'Alsace délivrée, le but de la guerre était atteint : les alliés se retirèrent chacun chez eux. Colonel BOIGEOL.

CHAPITRE XII

La Réforme.

Le duc Ulric et la Réforme. Farel à Montbéliard.

Le comte Georges. Le duc Christophe.

L'Intérim de Charles Quint à Montbéliard.

Établissement définitif du protestantisme (1553).

Nous entrons, avec le duc Ulric, dans ce XVIme siècle si fécond qui a vu se produire le plus grand évènement du monde moderne, la Réformation. Un grand désir de réforme avait marqué la fin du XVme siècle. L'Eglise chrétienne n'était plus, depuis longtemps, ce qu'elle avait été, ce qu'elle devait être. La grande institutrice, la grande libératrice des peuples était devenue une puissance d'oppression, un instrument de servitude. Les cœurs pieux avaient dit leur désolation devant cette décadence. Ils voyaient bien que les abus de l'indulgence, la fausse confiance au mérite des œuvres faisaient oublier la vraie repentance et tuaient la vraie vie chrétienne. Les esprits droits, les hommes honnêtes étaient partout révoltés des désordres et de la corruption du clergé. Partout la protestation sortit des entrailles du peuple. Le mouvement décisif partit de l'Allemagne à la voix de Luther ; là se fit d'abord la rupture avec Rome. Plus tard la politique, les intérêts des princes et des peuples vinrent se mêler au mouvement pour le servir ou le contrecarrer, mais la Réforme est dans son essence la protestation de la conscience populaire contre des erreurs grossières et des abus vraiment scandaleux.

Pendant que le mouvement de réforme était ailleurs arrêté par les princes et noyé dans le sang, il fut aidé à Montbéliard par le jeune duc Ulric.

Ulric était le fils de ce malheureux comte Henri que la peur avait rendu fou. Privé de la douce influence d'une mère, il eut encore le malheur de perdre, à l'âge de 9 ans, son excellent père adoptif Eberhard le Barbu. Son éducation laissée à des subalternes fut, dès lors, négligée. Héritier du duc Eberhard, il fut rempli trop tôt du sentiment de sa dignité princière et l'éducation ne vint pas corriger la violence et l'impétuosité de sa nature. Cependant la vie parut d'abord lui sourire. Emancipé à l'âge de 16 ans et demi, il fut de bonne heure un prince en vue. Le premier usage qu'il fait de son autorité est de rappeler, en Wurtemberg, le célèbre Reuchlin que l'ignorantisme des moines avait fait exiler. En 1511, il avait épousé Sabine de Bavière, nièce de l'empereur. Nommé directeur du cercle de Souabe, il est au sommet de la gloire. Mais l'exercice du pouvoir et tous ses succès avaient grisé le jeune prince. Sa vie fastueuse et brillante le força à s'endetter puis à entrer en lutte avec les États de son pays. Les paysans chargés d'impôts se soulèvent contre lui, puis il révolte la noblesse par le meurtre du jeune de Hutten qui l'avait offensé. Une nuée d'adversaires se lèvent contre lui. Sa femme, maltraitée, s'enfuit. Le jeune prince est mis au ban de l'empire et exilé de ses États. Il se réfugie dans le comté de Montbéliard qui lui restait. C'est de là qu'il se rend souvent en Suisse pour y trouver les hommes et l'argent nécessaires à l'expédition qu'il projette pour rentrer en possession de ses États.

C'est au cours de ses voyages en Suisse qu'il fut, pour la première fois, mis en contact avec les Réformateurs. Bien des raisons le portaient à accepter leurs doctrines. Il avait vu dans son pays le luxe et la corruption du clergé. L'Eglise s'était montrée envers ses défauts aussi complaisante que ses maîtres. Il avait obtenu d'elle une indulgence générale pour tous ses péchés qui avait endormi sa conscience. L'adversité

enfin lui avait fait entendre ses salutaires leçons. Comment aurait-il pu fermer l'oreille
aux idées nouvelles qui fermentaient autour
de lui ? Aussi le voyons-nous sans surprise
accepter pour aumônier un disciple de Luther,
Jean Gayling. A Bâle, il rencontre le réformateur Œcolampade dont la maison était le
refuge des proscrits pour la foi. Bâle était alors
un foyer d'ardente propagande qui s'étendait
sur les contrées voisines, la Franche-Comté, la
Lorraine et l'Alsace.

La propagande évangélique trouvait, en
Franche-Comté, un terrain tout préparé. Ecou-
tons là-dessus M. Castan qui ne peut être sus-
pect de sympathie à l'égard des évangéliques.
« Les abus contre lesquels s'insurgeait Luther,
écrit-il, existaient en Franche-Comté au même
degré que sur les bords du Rhin. Ici, comme
à peu près partout, l'archevêque menait une
vie de grand seigneur, faisant remplir ses fonctions religieuses par un vicaire revêtu du caractère épiscopal. Sur 54 chanoines du grand
chapitre, une quinzaine à peine assistaient au
chœur : les autres se bornaient à tirer les
demi-fruits de leurs prébendes, cumulant ces
ressources pour faire figure dans l'entourage
des princes, avec les divers bénéfices que l'intrigue pouvait leur procurer ; ceux qui rési-

daient étaient loin de donner tous d'édifiants exemples ». Non moins relâchés étaient les moines qui peuplaient les abbayes et couvents de la ville : « Ignorants et paresseux pour la plupart, ils s'occupaient bien plus des profits de leurs quêtes que de la prière et de la prédication ».

A Montbéliard, les esprits sérieux étaient témoins des mêmes scandales qu'à Besançon ; c'étaient les mêmes abus dans les cérémonies et dans les mœurs. Le même besoin de réforme s'y faisait sentir. On savait qu'il y avait à Bâle un Wurtembergeois, Œcolampade, qui prêchait les idées réformatrices, qu'il était en relations avec le duc Ulric. C'est à lui qu'on va s'adresser pour avoir un prédicateur évangélique.

On ne pouvait mieux faire. Justement, il y avait à Bâle un Français exilé pour cause de religion qui ne songeait qu'à répandre sa foi. Il s'appelait Guillaume Farel. Il avait été d'abord un fervent catholique ayant pour le pape la même vénération que pour Dieu lui-même. Comme Luther, il n'avait quitté son Église que contraint et forcé, quand il fut bien convaincu que la Réforme intérieure n'était pas possible.

Farel, appelé par le peuple, arriva à Montbéliard à la fin de juin 1524. L'église Saint-Mainbœuf retentit de sa parole enflammée. Farel avait pour principe qu'il fallait éclairer le peuple par des traités en langue vulgaire. Il s'efforça d'en répandre à Montbéliard, grâce aux envois de son ami le libraire Jean Vaugris. Son succès à Montbéliard fut si grand qu'il demanda bientôt du renfort. Mais ces succès ne tardèrent pas à émouvoir l'archevêque de Besançon. Il envoya à Montbéliard des ecclésiastiques chargés de tenir tête au réformateur. Mais l'éloquente parole de Farel les confondit eux et leur chef le père gardien des cordeliers de Besançon. L'archevêque s'avisa alors d'un moyen plus efficace. Il s'avait qu'Ulric avait intérêt à ménager les Suisses dont il avait besoin pour l'aider à reconquérir le Wurtemberg. Il fit donc agir sur les Suisses pour que ceux-ci engagent Ulric à renvoyer Farel. Ulric reçut des quatre cantons catholiques une lettre sévère qui l'invitait à renvoyer ses « prédicants luthériens ». Le prince se trouvait alors dans une position difficile. Il voulait, avant tout, reconquérir son duché. Il finit par céder et Farel, malgré les incontestables succès qu'il remportait à Montbéliard, fut forcé de quitter la ville. L'œuvre de réformation était momentanément arrêtée (1525).

Sur ces entrefaites, un nouveau prince arrivait à Montbéliard. C'était le comte Georges à qui Ulric avait cédé le comté de Montbéliard pour être plus libre de suivre ses projets sur le Wurtemberg.

Le comte Georges était, comme Ulric, fils de ce malheureux comte Henri qui avait fini ses jours dans la captivité d'Urach. La mère d'Ulric était morte peu après la naissance de son fils. L'année suivante Henri s'était remarié avec Eve de Salm qui consentit à partager sa prison d'Urach. C'était là qu'était né le comte Georges, en 1498. L'enfant avait subi le contre-coup de la destinée paternelle. Mais il avait 28 ans quand il prit en mains l'administration du comté de Montbéliard. C'était un homme remarquable, mûri par l'adversité. Il arrivait à un moment difficile. La peste décimait le pays. La guerre des paysans avait laissé des semences de haine. Il usa de douceur et pacifia le pays. D'autre part, l'agitation religieuse n'était pas calmée. Farel avait conservé des partisans dans la ville que l'archevêque de Besançon se décida à excommunier (1527). Cette mesure, d'ailleurs levée en 1529, ne fit pas disparaître les semences de réforme jetées par Farel. Les évangéliques laissés sans pasteurs avaient du moins les traités de Farel, le Nouveau Testament dans la traduction de Lefèvre d'Etaples et les visites d'un maître bonnetier, nommé Guérin « homme savant dans les Écritures, de bonne vie, qui enseignait et prêchait secrètement dans les assemblées ».

De son côté, le comte Georges, malgré l'attitude de Charles Quint à l'égard des princes qui favorisaient ce mouvement, n'avait pas tardé à accéder aux idées évangéliques. En 1528, il avait appelé auprès de lui un prédicateur partisan des idées nouvelles, Fischer ou Piscator et lui laissa la plus entière liberté « d'annoncer le Christ ». Piscator étant allemand n'avait d'ailleurs qu'une influence limitée sur la population elle-même. Ce furent les succès d'Ulric en Wurtemberg qui vinrent rendre leur liberté d'action aux partisans des idées nouvelles.

Le duc Ulric avait réussi, en 1534, à reconquérir le Wurtemberg où il introduisit aussitôt la Réforme qu'il avait appris à connaître et dont il était devenu un partisan zélé. Il ne devait pas tarder à faire reprendre à Montbéliard l'œuvre de relèvement religieux et moral entreprise par Farel. Il y avait alors à Tubingue un jeune Lorrain qui avait déjà servi la cause de la Réforme. C'était un ancien chanoine de Metz nommé Pierre Toussain. Il était de bonne famille, aussi distingué de manières que d'esprit. C'est lui qu'Ulric envoya à Montbéliard pour y prêcher la Réforme. Il y arriva vers le milieu de l'année 1535. Il chercha d'abord des collaborateurs pieux et savants. L'œuvre qu'il entreprenait était difficile. Le prince Georges le soutint d'abord très mollement. Il se plaint dans ses lettres de 1537 que les vrais maîtres du pays soient les conseillers du prince, quelques prêtres, le maire, le procureur, hommes débauchés qui usent de tous les moyens pour détourner les âmes du chemin de la vérité. Il ne se laisse pourtant pas décourager et *tout d'abord il organise l'école.* Les encouragements lui viennent bientôt. Après trois ans d'efforts, il voit le peuple accueillir avec empressement la Réforme. Le suffrage populaire encourage les princes qui se mettent à soutenir plus énergiquement l'œuvre réformatrice et enfin la messe est officiellement supprimée le 11 novembre 1538. La minorité qui ne voulut pas accepter le nouvel ordre de choses se retira. Il n'y eut ni violences, ni sang versé. Treize ministres furent appelés à remplacer les curés. Toussain s'était efforcé de les choisir avec beaucoup de soin. En 1541, les nouveaux cadres étaient remplis. Ce premier travail accompli Toussain s'attache à organiser le culte nouveau et à régler l'enseignement de la jeunesse.

Tout allait bien pour la Réforme lorsqu'une brouille survenue entre Ulric et son frère Georges vint inquiéter Toussain. Ulric, à qui son frère Georges avait réclamé des sommes qui lui étaient dûes, lui retira immédiatement le gouvernement de Montbéliard qu'il confia à son fils le duc Christophe.

La vie de ce jeune prince avait été un véritable roman. Né à Urach en 1515, il avait été, à sept mois, abandonné par sa mère fuyant l'irritation d'Ulric. A quatre ans, il avait été confié à ses oncles de Bavière qui le cédèrent un peu plus tard à l'empereur. Celui-ci songeait à l'envoyer en Espagne et à l'enfermer dans un couvent pour qu'il ne pût pas réclamer les États paternels. Aidé de son précepteur il s'enfuit et parvint à rejoindre son père rentré enfin à Stuttgart. Mais Ulric avait été rendu soupçonneux par le malheur et il se sépare de son fils qui gagne la France où il vit dans l'intimité de François Ier. C'est là que le trouva le message paternel qui lui confiait l'administration du comté de Montbéliard. Christophe accepta cette charge et il entra à Montbéliard en 1542. Il avait alors 27 ans. Il avait fréquenté les personnages les plus puissants de l'Europe et l'expérience l'avait singulièrement mûri. Il avait une mémoire remarquable. Son éducation avait été soignée, il lisait et écrivait le latin. Il savait à fond le français. Sa vie était sans reproche. Au point de vue religieux, il avait donné son adhésion à la cause de l'Évangile et même, dès cette époque, il penchait pour les opinions de Luther. Toussain, au contraire, avait plutôt organisé sa réforme selon le type suisse et l'essai d'introduction par Christophe des habitudes religieuses du Wurtemberg lui causa d'abord un vif émoi. Il crut devoir même un moment s'éloigner de Montbéliard où la confiance d'Ulric le fit bientôt rappeler.

Les épreuves venues du dehors ne laissaient d'ailleurs guère de loisir pour les luttes d'idées. L'empereur Charles Quint, vainqueur des protestants, leur avait imposé l'*Intérim* une mesure batarde qui introduisait certaines réformes comme le mariage des prêtres, mais rétablissait pourtant partout le catholicisme (1548). Ulrich et Christophe firent une longue résistance mais ils durent enfin céder et les curés furent réinstallés, d'autorité impériale, dans leurs anciennes paroisses. Cette mesure jeta le pays dans un trouble profond et ne fut, en réalité, pas heureuse pour le catholicisme. On aurait pu croire qu'avertis par le mouvement réformateur les chefs du catholicisme auraient tenu à supprimer au moins les abus les plus criants. Il n'en fut rien. Comme les émigrés de la restauration les autorités ecclésiastiques de Besançon n'avaient rien appris et rien oublié. Depuis que la Réforme avait été introduite, un certain nombre de prêtres catholiques s'étaient mariés. L'autorité épiscopale exigea qu'ils se fissent représenter dans leurs cures par des vicaires. Cette sévérité étonne de la part de l'archevêque de Besançon qui n'était point austère. D'autant plus que d'autre part, il toléra que certains curés ne vinssent pas résider dans leur paroisse. Quelques-uns d'entre eux eussent été bien empêchés d'exercer en personne leurs fonctions pastorales. Ainsi un enfant de 8 à 9 ans, moine de Belchamp, fut nommé curé d'Aibre.

Trop sûr de sa puissance, le catholicisme n'avait pas songé à désarmer l'opposition soit par l'envoi à Montbéliard de prêtres respectables et cultivés soit par quelques concessions opportunes. Les prêtres étaient revenus comme en pays conquis. Ils avaient repris toutes leurs pratiques. Ils prenaient aussi soit avec les prescriptions de l'Intérim, soit avec les mœurs, des libertés qui fournissaient des armes faciles à leurs adversaires évangéliques. Ému par ces faits le duc Christophe ordonna une enquête qu'il fit faire par son Procureur général. Elle fut écrasante pour les prêtres en révélant ou leur notoire insuffisance ou leur scandaleuse conduite. Il sera facile de montrer, dit un document qui résume l'enquête officielle « qu'il n'y en a pas un seul qui fasse l'office de pasteur, ni qui doive avoir charge en l'Église de Dieu. Quasi tous sont bêtes et ânes qui ne sauraient à grand peine décliner leurs noms. Les uns sont ivrognes et gourmands, joueurs de cartes et de dés, les autres jureurs et blasphémateurs du nom de Dieu, les autres chasseurs, ils ne cherchent tous que la lippe et laine des pauvres brebis ». Devant les résultats de cette enquête, Christophe n'hésita plus et, le 27 septembre 1552, il faisait parvenir au gouverneur et au conseil de Montbéliard une instruction détaillée sur la manière dont ils devront s'y prendre pour abolir la messe dans le comté de Montbéliard. On doit représenter aux curés, dit le prince, que la messe n'étant pas fondée sur la Sainte-Écriture, le duc l'abolit. Les ecclésiastiques pieux ne perdront rien de leurs revenus annuels. Ceux qui ne voudront pas obéir seront démis de leurs fonctions et renvoyés du pays. Ceux dont la vie extérieure n'aura rien présenté de répréhensible, conserveront leurs prébendes pourvu qu'ils s'abstiennent de célébrer la messe et les autres cérémonies non chrétiennes. Ceux qui ne voudront pas s'en abstenir et prêcher conformément à l'Évangile seront déposés et remplacés par des ministres évangéliques.

Le régime catholique avait vécu à Montbéliard. Pierre Toussain, nommé surintendant des Églises se mit au travail de leur réorganisation. Les villages du pays furent divisés en quinze paroisses et, à la fin de 1553, toute trace de l'Intérim avait disparu à Montbéliard gagné pour toujours à la foi protestante.

PREMIÈRE LECTURE

LE PRINCIPE DE LA RÉFORME ET SES RÉSULTATS

La Réforme est bien autre chose qu'une révolution liturgique ou qu'un rétablissement de la discipline morale. C'est une nouvelle orientation des âmes. Dans le catholicisme, l'individu confie à l'Église ses besoins et ses angoisses ; il lui abandonne la direction de sa vie et le soin de son salut. Il n'y a pas de catholicisme authentique là où il n'y a pas cette autorité d'une part, et, de l'autre, cette absolue soumission de la conscience et de l'esprit.

Mais cette Eglise avait fini, au XVIme siècle, par inquiéter les âmes profondes. Sa doctrine choque les consciences religieuses en faisant du salut un don extérieur conféré aux fidèles par la magie des sacrements, une chose qui s'achète soit par l'effort de l'homme, ou, pour les âmes vulgaires, par l'argent de l'indulgence.

D'autre part, la morale catholique a jeté sur le monde une sentence de malédiction. Le mariage, la propriété, les arts, la science, les joies et les devoirs de la vie naturelle, tout cela avait été condamné au nom de la sainteté surnaturelle du moine et de l'ascète. Et devant le fourmillement des moines, les esprits sérieux en étaient venus à se demander si, vraiment, Dieu préférait la vie oisive des moines et leur mendicité au simple accomplissement des devoirs de la vie terrestre Est-ce vraiment la vie divine, la vie normale de l'enfant de Dieu celle qui ne pourrait se généraliser davantage sans arrêter la vie du monde ?

C'est en face de cette situation morale que se place le principe protestant.

Luther l'a trouvé, après des années d'angoisses, dans sa cellule de moine. Il se formule d'un mot : Il y a un Dieu vivant qui pardonne les péchés, et ce Dieu, on le saisit par la foi. La foi, ce n'est donc plus la soumission de la conscience et de l'esprit à l'autorité d'une Église qui s'est mise à la place de Dieu, c'est l'énergie intérieure qui s'empare de Dieu et des promesses de Dieu, c'est la décision personnelle de celui qui se donne à lui, c'est l'acte de confiance d'un enfant qui s'abandonne aux soins de son Père céleste.

Voilà le principe tout nouveau qui change tout à coup la direction des esprits, qui ruine par la base le savant organisme catholique et qui ouvre la porte à toutes les émancipations et à tous les progrès.

Ce que la Réforme a introduit à Montbéliard, c'est cet esprit d'affranchissement et de progrès qui devait exercer dès lors sur toute l'histoire de ce petit pays une influence heureuse et féconde.

Les résultats sont là pour confirmer la théorie. Montbéliard devient, au xvime siècle, un vrai centre intellectuel actif et vivant. L'imprimerie va y prendre, avec Foillet, un grand développement. Les bourgeois eux-mêmes prennent goût aux lettres et aux sciences. Les luttes théologiques aiguisent les esprits. Pour y prendre part, il faut connaître la Bible, son texte original même, l'histoire du chistianisme ancien. On se jette avec ardeur dans ces études, de sorte que les luttes intérieures du protestantisme servent la cause de la haute culture. La porte est ouverte à l'activité de l'esprit. On ne pourra plus la fermer. Dans ce milieu actif se forme bientôt une bourgeoisie libérale par principe et non plus seulement par instinct.

L'esprit de la Réforme exerce à son tour son influence sur
le peuple lui-même. En lui rendant le Dieu vivant, Père de
tous, elle l'a affranchi, non seulement de toutes les cérémonies
burlesques, mais aussi de tous les souvenirs païens, de toutes
ces humiliantes superstitions qui conduisent les âmes sincères
mais égarées, à demander dans leurs détresses, un inutile secours
aux sources miraculeuses ou aux ossements des saints, et, si
certaines superstitions demeurent, si la prétendue sorcellerie
fait encore quelques victimes, c'est que dans toute tendance
subsistent longtemps des restes de la tendance contraire.

Tout ce pays, en un mot, par le seul développement logique
du riche principe de la Réforme, devient un pays d'indépendance, de libre discussion, de dignité personnelle qui s'ouvre
peu à peu, pour y rester invinciblement attaché, à toutes les
grandes causes de justice et de liberté, un pays d'énergie individuelle et d'initiative hardie. C'est cet esprit d'initiative qui
va présider aux défrichements rationnels et amener l'aisance là
où il n'y avait que maigreur et pauvreté. C'est cet esprit qui
peu à peu va faire naître dans les limites étroites de ce territoire presque sans débouchés les premières tentatives de l'industrie, modestes mais courageux préludes du grand et persistant effort industriel d'où est sortie la richesse actuelle des
descendants des petits bourgeois ou des paysans d'autrefois.

John VIÉNOT.

DEUXIÈME LECTURE

L'ŒUVRE DE LA RÉFORME

La puissante gaîté de Luther aurait eu de quoi s'exercer si
le nouvel inventaire des reliques conservées dans l'église collégiale de Saint-Maimbœuf, à Montbéliard, dressé en 1522 par
les chanoines de cette église, lui était tombé entre les mains.
La plupart de ces reliques passaient pour avoir été rapportées
d'Asie par les comtes de Montbéliard à leur retour des croisades.
En voici un extrait authentique : « Une partie du corps de

Saint-Maimbœuf conservé dans une magnifique chasse en argent ; une petite fiole avec du lait de la Sainte-Vierge ; quelques-uns de ses cheveux et de ceux de Marie-Madeleine ; une pierre sur laquelle Jésus s'était assis ; du bois de la vraie croix, un fragment de la pierre du sépulcre, un autre fragment de celle sur laquelle Saint Jean-Baptiste fut décapité, un caillou du martyre de Saint-Étienne, la crèche qui avait servi de berceau à Jésus-Christ ; de la terre du champ dont Adam fut formé, un reste du pain du dernier souper du Sauveur avec ses disciples... »

Il faut ajouter qu'avant la Réforme, il y avait une procession burlesque dans l'église de Saint-Maimbœuf pendant la célébration de la messe de minuit. Les chanoines de cette église, revêtus de leurs habits de chœur, jouaient du cornet à bouquin et faisaient de ridicules gambades en promenant autour du maître autel différents animaux tels que des chèvres, des porcs, des chiens ; ils étaient suivis par la populace qui hurlait dans le sanctuaire des chants dignes de cette cérémonie scandaleuse.

Quel est l'homme doué d'intelligence qui, après avoir lu ce qui précède, pourrait ne pas bénir la hache du grand Luther ?

Qui mesurera l'abîme d'abrutissement où l'Europe serait descendue si l'esprit de libre examen, de discussion et de critique se précipitant par la brèche ouverte au XVIme siècle n'était pas venu sommer les puissances spirituelles et temporelles qui se partageaient le gouvernement de l'humanité de produire leurs titres et de donner la raison de leur existence. Il n'est pas permis de supposer que l'Église catholique se serait réformée elle-même... Gloire à l'homme qui, portant le premier la main sur la vieille bastille romaine l'a ébranlée jusqu'aux fondements !

Luc WETZEL.

TROISIÈME LECTURE

LA VISITE ECCLÉSIASTIQUE, LES PASTEURS ET LES ANCIENS SOUS L'ANCIEN RÉGIME

La visite ecclésiastique était le moyen imaginé par nos pères pour maintenir ou pour relever le niveau religieux, moral et intellectuel du pays. C'était une véritable *inspection* annuelle de tous les services civils, ecclésiastiques et scolaires. Elle portait sur les officiers publics aussi bien que sur les ministres, les maîtres d'école et les particuliers. Elle était faite par le gouverneur, le bailli, le tabellion, le procureur assisté du surintendant ecclésiastique.

Arrivés dans une paroisse, les Visiteurs interrogeaient les ministres sur la vie et la doctrine de •leurs collègues voisins, question à laquelle ceux-ci refusent généralement de répondre, puis sur les officiers publics, jurés, maires, anciens, sur les dispositions du peuple, ses mœurs, les superstitions qu'il a pu conserver.

Puis, ce sont les officiers publics qui sont ensuite interrogés sur le compte des ministres, sur leur vie et leur doctrine, leur prédication, leurs études, sur leurs femmes et leurs enfants, l'administration de leur ménage. Il était difficile qu'un pasteur indigne de sa charge pût résister à une aussi sérieuse enquête, et c'est pourquoi, au milieu d'une période violente et grossière encore, nous voyons les pasteurs du xvime siècle mener, souvent au sein d'une pauvreté très grande, une vie chrétienne pleine de dignité.

Nul doute que la visite ecclésiastique n'ait contribué à maintenir élevé le niveau de la moralité et de la culture ecclésiastiques.

Les fonctions des pasteurs étaient nombreuses et variées. Outre les prédications du dimanche dans les paroisses, ils devaient faire un service dans la semaine ou une catéchisation. Dans les premiers temps de la Réforme, ils faisaient dans chaque village fonction d'instituteurs. La visite des malades, la consolation des affligés, le soulagement des pauvres étaient au nombre de leurs fonctions les plus importantes. Les pasteurs recevaient aussi les déclarations de fiançailles. Les futurs époux devaient se rendre chez eux avec leurs parents et leurs témoins avant le premier dimanche des publications. Ces fiançailles ne pouvaient se rompre que par consentement réciproque ou par des dommages-intérêts. Les pasteurs avaient aussi à présider ce tribunal des mœurs, cette véritable justice de paix qu'était le consistoire.

Les anciens devaient seconder le pasteur dans le maintien de l'ordre et de la discipline au sein de chaque paroisse. Ils formaient, avec le maire et le pasteur, le consistoire de paroisse. Leur charge était de réconcilier les personnes divisées, de maintenir la paix dans les familles, de prévenir les procès, de mettre une barrière aux progrès de l'intempérance, du jeu, du luxe, de l'impureté, de veiller à la fréquentation régulière du culte, de surveiller les écoles primaires. Les anciens étaient choisis parmi les personnes les plus recommandables de chaque paroisse. Ils étaient nommés à vie, à chaque vacance, par le consistoire lui-même. Ils étaient confirmés par le Conseil de Montbéliard après avoir prêté serment devant le surintendant. Ils étaient installés ensuite par les pasteurs.

QUATRIÈME LECTURE

LA RÉFORME ET LE PEUPLE

Un trait qui frappe dans l'histoire de Montbéliard après la Réforme, c'est le respect du peuple, l'amour du peuple. Les princes ont souvent péché contre le peuple par une sévérité excessive, par des répressions cruelles. Mais ceux qui se sont conduits de cette manière étaient précisément ceux qui échappaient à l'autorité de la Réforme. Ces exceptions relevées, on constate, dans les documents officiels ou privés, un souci persistant d'élever le peuple, de le moraliser, de l'instruire, de le tirer des ornières de l'ivrognerie et de la débauche. Signalons encore le soin intelligent qui fut pris des pauvres après 1564. La visite ecclésiastique ayant fait connaître des négligences à l'égard des pauvres, le Conseil ordonna que dorénavant il y eût des boîtes dans chaque chef-lieu de paroisse Les amendes prononcées devaient être mises dans ces boîtes et distribuées aux *vrais pauvres* de chaque village. Les ministres devaient inviter leurs paroissiens à déposer leurs offrandes dans ces boîtes, afin que chaque village pourvût a l'entretien de ses pauvres, sans « fouler » le voisin.

Il pouvait y avoir d'ailleurs des misères nées de la vieillesse ou des charges de famille que ces boîtes ne pouvaient soulager.

Dans ce cas, les ministres devaient adresser requête au Conseil qui y pourvoirait.

En conséquence, la mendicité devait être dorénavant interdite. Quant aux pauvres étrangers, passants et mendiants, on leur distribuera aux portes de la ville et en présence de quelques gens de bien, des secours également empruntés à la boîte des pauvres.

Enfin, quant aux pauvres de la ville, il devait y être pourvu par les Neuf Bourgeois de manière qu'il n'y eût personne qui mendiât.

CHAPITRE XIII

La Réforme et l'École.

Au milieu de ces évènements, le vieux duc Ulric était mort, en 1550, et son fils Christophe, rappelé en Wurtemberg, avait dirigé Montbéliard par l'intermédiaire d'un gouverneur et d'un conseil de régence. En 1553, il céda, en toute souveraineté, au comte Georges, son oncle, le comté de Montbéliard et ses dépendances. L'heure était sombre. La peste décimait le pays. Le comte Georges se mit avec ardeur au travail de relèvement du pays. Aidé de Pierre Toussain, il travailla à la réforme des mœurs, au développement de l'instruction, à la bonne administration du pays. Il se maria sur le tard avec une fille de Philippe de Hesse. En même temps, la lutte des idées se continuait et Toussain eut la douleur de se séparer de Calvin sur un point grave. Servet venait d'être brûlé à Genève avec le consentement de Calvin. Toussain, avec beaucoup de protestants d'alors, blâma cette condamnation. Il était en avance sur son siècle et il trouvait avec raison que l'on « n'a pas le droit de poursuivre à mort qui que ce soit pour cause de religion ». Cette déclaration lui coûta l'amitié de Calvin. Peu de temps après, le réformateur de Montbéliard avait encore la douleur de perdre son protecteur et son ami le comte Georges (1558).

Celui-ci laissait un fils, le comte Frédéric, encore au berceau. Il fut mis sous l'autorité de trois princes tuteurs qui occasionnèrent de longues luttes religieuses en voulant mettre les Eglises de Montbéliard sur le pied de celles du Wurtemberg. Celles-ci étaient régies par une *Ordonnance ecclésiastique*, dite de 1559, excellente, mais qui avait conservé certains usages et professait sur la Cène et le baptême certaines idées qui froissaient la conscience des protestants de Montbéliard. Après de longs pourparlers, l'Ordonnance fut enfin acceptée et introduite à Montbéliard, mais avec quelques retranchements. Cette adoption fut, en somme, un bonheur pour le pays et elle eut une heureuse influence sur le développement religieux et intellectuel du peuple. L'Ordonnance ecclésiastique ne s'occupe pas seulement du culte, du catéchisme, mais aussi de l'école et on peut dire que sur ce point, elle mit de bonne heure, le pays de Montbéliard à la tête des pays voisins. On ne dira jamais trop tout ce que la Réforme a fait pour l'instruction à tous ses degrés.

Lorsque Toussain vint à Montbéliard, tout était à faire, dans cette ville et les villages environnants au point de vue de l'école. Ici encore, l'Église déchue avait singulièrement oublié son rôle d'éducatrice du peuple. Le Conseil de Montbéliard déclarait, en 1552, que « la plupart des prêtres étaient gens indoctes et personnes incapables et sans préalable examen ». On peut juger par là ce qu'était le peuple. Dès que Toussain arrive, il se préoccupe d'ouvrir une école et de trouver un bon maître pour la diriger. Mais une école dans la ville, cela n'est pas suffisant. Toussain le comprit et fit de chaque pasteur nouvellement appelé un instituteur primaire. C'est l'honneur de l'Église de Montbéliard que d'avoir fait, au XVIme siècle, de chaque presbytère, une école.

Rien de plus démocratique que le recrutement de ce qui était alors l'enseignement secondaire. Si un bon élève est signalé, on essaye d'obtenir des parents de « le mettre aux études ». S'ils ne peuvent payer, on y pouvoira au moyen de bourses appelées « *stipends* ».

Après l'école française, on fonda, dès 1547, une école latine et le comte Georges, en mourant, laisse une somme considérable destinée à l'entretien de six jeunes gens qui se consacreraient à l'étude de la théologie. Mais il y avait des boursiers pour tous les genres d'études.

A côté du comte Georges, le duc Christophe, à son tour, rendit un éminent service à la cause de l'instruction et de l'éducation en faisant rédiger l'*Ordonnance* de 1559. Elle renferme des idées et des préceptes qui peuvent être encore très utiles aujourd'hui.

D'après elle, le but de l'éducation est de *faire des hommes de bien qui puissent servir à l'Église et à la République chrétienne*. Les maîtres ne doivent pas penser « être commis sur les enfants comme les bergers sur les porcs ou autres bêtes, mais qu'ils croient qu'ils en ont la charge comme d'un trésor céleste. Les maîtres doivent être savants, craignant Dieu, attachés à leurs devoirs. En échange, ils ont droit au respect de tous. Ce n'est pas la Réforme qui tend à charger l'instituteur de fonctions contraires à sa dignité, à en faire « un garde-public et servant ».

L'Ordonnance les délivre de cette charge pour qu'ils puissent plus librement enseigner les enfants.

De son côté, le maître d'école doit donner l'exemple d'une vie innocente, sobre, irrépréhensible.

L'enseignement, d'après l'Ordonnance, doit être donné à tous les enfants, filles et garçons. Ceci est nouveau. L'enseignement, avant la Réforme, était aristocratique. Il servait au recrutement des clercs et des fonctionnaires. Pour la Réforme l'instruction est le droit de tous et c'est le devoir des parents de la faire donner à tous aux filles comme aux garçons[1]. Luther avait énergiquement affirmé pour l'État le droit de rendre l'instruction obligatoire. L'Ordonnance est rédigée dans le même esprit. Elle veut que les pasteurs, une ou deux fois par an, avertissent les parents « d'envoyer diligemment leurs enfants à l'école : et qu'ils montrent combien les écoles sont profitables, nécessaires et salutaires pour les affaires de ce monde, non seulement pour la connaissance des sciences humaines, mais aussi pour l'étude et service de la crainte de Dieu ». Voilà la notion protestante de l'école. Le chrétien évangélique n'a rien à craindre de l'instruction, au contraire, il n'y a pas d'homme digne de ce

---

[1] « La Réforme ne redoute pas la femme instruite, et, pour qui sait voir, là est la Révolution ».

Paul DE FÉLICE.

nom sans instruction. Celui qui ne s'instruit pas reste « au niveau des bêtes ».

L'Ordonnance donne aux maîtres les meilleurs conseils. Le vrai maître doit être armé de patience et de douceur. « Qu'il lui souvienne d'être modéré en punissant ceux qui l'auront mérité par méchanceté ou par paresse. Qu'il se garde de détourner les esprits libres de l'étude des lettres par sa trop grande rudesse mais qu'il les pousse à apprendre « par douceur de paroles ».

Ce n'est pas tout d'instruire. Il faut « imprimer la piété dans le cœur des jeunes gens ». Il faut, dès leur jeune âge, les accoutumer aux honnêtes mœurs afin qu'ils se conduisent convenablement au temple, à l'école, dans les rues, à la maison et partout ».

Telle est, en résumé, l'inspiration générale de la loi scolaire introduite à Montbéliard par la Réforme. Sans doute, c'est là un plan idéal que la réalité n'atteignait pas toujours. Mais les autorités ecclésiastiques veillaient à ce que le programme ne soit pas oublié. L'enseignement qui se donnait à Montbéliard pouvait donc faire et il a fait des hommes. Il était très en avance sur celui qui se donnait ailleurs dans les pays restés fermés à la Réforme. Nous pouvons donc affirmer que l'Église évangélique de

Montbéliard, par tout ce qu'elle a fait pour l'enseignement primaire, secondaire et même supérieur, a bien mérité du peuple qu'elle avait à servir.

L'Ordonnance ecclésiastique fut mise, en 1568, entre les mains de tous les ministres. C'est en cette même année que mourut le duc Christophe. Sa mort ne changeait rien au gouvernement de Montbéliard qui restait sous l'autorité des tuteurs du jeune comte Frédéric. Ceux-ci continuèrent à vouloir toujours plus étroitement assimiler les Églises de Montbéliard à celles du Wurtemberg et les luttes religieuses entre calvinistes et luthériens continuèrent longtemps. Pierre Toussain, le vieux surintendant mourut lui-même en 1573. Il laissait le pays au milieu d'une grande agitation. Les persécutions sanglantes dirigées soit à Besançon, soit en France, contre les protestants, amenaient, à Montbéliard, un grand nombre de réfugiés. « Ces nobles bannis, dit un historien, apportaient l'amour de la liberté spirituelle et politique pour laquelle ils venaient de faire les plus grands sacrifices, aimant mieux perdre leurs biens et leur patrie que d'abandonner leurs opinions ». Ils entretenaient dans la ville la fermentation des idées. En même temps, ils mettaient à l'épreuve le courage des bourgeois. La Franche-Comté catholique, les rois persécuteurs réclamaient leur expulsion, les princes-tuteurs étaient toujours prêts à céder, mais les bourgeois les couvraient délibérément de leur protection. Depuis l'arrivée des premiers réformateurs, une nouvelle génération avait surgi, plus instruite, plus déliée, exercée aux discussions d'idées. Elle n'entendait pas se soumettre à toutes les décisions ni des princes-tuteurs, ni du comte Frédéric lui-même. Les bourgeois voulaient bien, comme Toussain, rester fidèles à la confession d'Augsbourg, mais ils ne voulaient condamner aucune Église réformée. C'est au milieu de ces luttes que le comte Frédéric fut déclaré majeur (1580).

PREMIÈRE LECTURE

L'ÉDUCATION PROTESTANTE

L'éducation protestante au xvime siècle a un idéal très précis. A l'inverse de ce qui a lieu aujourd'hui, elle élève et instruit pour le ciel plutôt que pour la terre. Et le résultat inattendu de cette éducation pour Dieu est de faire des hommes d'une incroyable énergie. Ces protestants, élevés pour l'autre monde, étaient mieux armés pour les luttes de la vie que nous qui bornons, en réalité, tout notre horizon à la vie présente. Quelle éloquente illustration de la parole de l'Évangile : « Cherchez premièrement le Royaume de Dieu, et le reste vous sera donné par surcroît.

Pour l'éducateur protestant l'enfant est une âme, « un trésor céleste ». Dès lors, tous les maîtres, de la mère de famille au professeur de Faculté, ont charge d'âmes, exercent un vrai sacerdoce. Si les gens d'alors nous entendaient parler de joindre l'éducation à l'instruction, ils auraient de la peine à nous comprendre. Quant à cette manière de comprendre l'éducation, où la religion n'est plus qu'un honnête accessoire, ils ne seraient pas arrivés à la concevoir.

La Réforme relève la femme en l'instruisant et accentue le rôle de la mère. Pour elle, « on ne saurait rendre un plus grand service à la société que de travailler à former une bonne mère ».

La mère, en effet, doit former elle-même la conscience de l'enfant, commencer son éducation religieuse dès qu'il apprend à marcher et à parler et ne lui passer aucun mensonge, aucune désobéissance. On aime alors l'enfant dans un esprit plus rude, peut-être, mais plus énergique qu'aujourd'hui où il discute, où les liens de dépendance et de respect se relâchent, où partout règne la tendance de supprimer les distances. Contre l'opiniâtreté et le mensonge on employait le fouet, sans excès, mais il paraissait pire de l'omettre que d'en abuser.

Chez les protestants l'instruction est déjà moralement obligatoire et, en France, elle le serait devenue, si la Réforme avait triomphé. Pour avoir oublié ou méprisé les principes de cette forte éducation à la fois religieuse et morale, nous en sommes réduits à envier l'esprit d'initiative et l'énergie individuelle de peuples chez lesquels les punitions corporelles n'ont pas été rayées du code pédagogique.

Quand on compare l'éducation des protestants d'autrefois à la nôtre, on touche du doigt l'affaiblissement de nos mœurs en constatant l'affaiblissement de notre énergie éducatrice, source de toutes les autres énergies. On reconnaît par comparaison, combien frivole et relâchée est notre éducation fin de siècle, combien égoïste et superficiel est l'amour efféminé que nous affectons pour nos enfants.

Si nous les aimions sérieusement et virilement, nous les élèverions dans leur intérêt et non dans le nôtre, avec un peu de cette rudesse si malsonnante aujourd'hui et cependant si nécessaire pour les préparer aux dures luttes de la vie.

D'après Paul DE FÉLICE et Th. SCHŒLL.

DEUXIÈME LECTURE

LES SOCIÉTÉS DE TIR A MONTBÉLIARD

En 1443, la ville de Montbéliard comptait 333 habitants de 20 à 60 ans, en état de porter les armes. Le comté de Montbéliard et la seigneurie de Blamont réunis en comptaient 1492. Dès 1450 et sans doute antérieurement, la population de la ville de Montbéliard et des campagnes se livrait au jeu guerrier du tir au mousquet. Celui qui frappait le plus près du but était proclamé roi, mais sa royauté ne durait que pendant le temps qui séparait deux exercices : ils avaient lieu tous les dimanches. Des prix en argent étaient fournis les uns par l'État, les autres par la ville. Les tireurs étaient divisés en compagnies. Il y en avait deux à Montbéliard, l'une dite des *arquebusiers* ou *coulevriniers*, l'autre des *arbalétriers*. Chacune de ces compagnies avait un règlement. On trouve dans l'un d'eux, daté de 1599, que tout compagnon étant au tir qui jurerait le diable ou tout autre jurement serait puni d'une amende de un *blanc* au profit de la boîte des pauvres. Dès le XVIIme siècle, on se borna au tir du mousquet et cet exercice lui-même cessa entièrement vers 1676.

CHAPITRE XIV

Le comte Frédéric.

Le comte Frédéric, son caractère, ses travaux.
Les Guises à Montbéliard.

Le comte Frédéric avait des qualités très remarquables et de très visibles défauts. Son long règne fut, malgré tous les terribles revers qu'il eut à subir, une époque brillante et féconde pour le pays de Montbéliard.

Le comte Frédéric était vif et emporté. Il était autoritaire et cassant. Mais il était aussi actif, vigilant, laborieux, instruit. Soucieux de faire avancer les arts et les sciences, il voulait sincèrement aussi la prospérité de son pays. Il avait des vues hardies qui étaient souvent méconnues à Montbéliard, ce qui ne rendit pas toujours faciles ses relations avec la bourgeoisie remuante de sa bonne ville.

Il avait fait, à Tubingue, de bonnes études. Revenant ensuite à Montbéliard, il aperçut d'abord un côteau inculte quoique parfaitement exposé pour un vignoble. Aussitôt l'idée lui vint de remplacer par des vignes les broussailles de la Chaux. Frédéric fut un grand voyageur et il voyageait avec profit, entouré, d'hommes savants qui observaient tout ce qu'ils voyaient d'intéressant. Il visita, de cette manière, la France, l'Allemagne, l'Angleterre, l'Italie. Dans ce dernier voyage, il était accompagné de l'architecte Schickard chargé de prendre le plan des villes, châteaux, usines, jardins rencontrés sur la route.

Les idées heureuses qu'il rencontrait, il s'efforçait ensuite de les appliquer dans son pays. C'est ainsi qu'il s'occupa activement de l'agriculture à laquelle il fit faire de sérieux progrès soit par les ordonnances qui la concernent, soit en créant un haras à Belchamp, des bergeries à Marchelavillers, à Blamont, à Voujaucourt, des vacheries à Montbéliard (La Souaberie) et à Granges-la-Dame. En 1578, déjà, sur le conseil du naturaliste Jean Bauhin, il avait créé un Jardin botanique comme il n'y en avait pas encore ni en Allemagne, ni en France. Il fit faire de vastes défrichements qui mettaient le pays en valeur. Il couvrit nos côteaux de vignes bientôt fertiles. Il favorisa de même l'industrie, fit chercher du minerai d'argent à Dampjoux et, avec plus de succès, du minerai de fer sur différents points du comté de Montbéliard et de la houille, d'ailleurs médiocre, à Saulnot[1]. Sous son règne, fut établie, à Courcelles, la première imprimerie. C'est lui encore qui fit faire, à Mandeure, les premières recherches archéologiques. En même temps, il construisait des monuments utiles, les premières fontaines de la ville, l'église Saint-Martin, une partie des Halles, le Faubourg, le pont de Sochaux, le *Collège* qui devait être le siège d'une académie.

La présence de nombreux réfugiés français, dont plusieurs de très grande famille, contribuait également à la vie intellectuelle de la cité. Malheureusement Toussain n'était plus là pour prêcher la tolérance. Frédéric était devenu un luthérien rigide et, parce que les calvinistes n'avaient pas tout à fait les mêmes idées que lui sur la Cène, le Baptême, la prédestination, il ne voulait pas leur permettre de s'établir dans sa principauté. Il força ainsi à s'éloigner un grand nombre d'hommes qui eussent été d'excellents citoyens. Il était d'ailleurs, sur ce point, en lutte ouverte avec ses bourgeois de Montbéliard qui étaient en partie calvinistes ou qui, du moins, dans un louable sentiment de solidarité protestante, ne vou-

[1] L'activité d'esprit de Frédéric allait parfois jusqu'à l'utopie. Il se livrait à la recherche de la pierre philosophale et il combla d'abord de bienfaits un aventurier suisse qui lui avait promis de trouver, en un an, le moyen de changer l'argent en or.

laient pas consentir à condamner les calvinistes. C'est pour ramener les récalcitrants que Frédéric convoqua dans son château, en 1586, un colloque fameux entre ses théologiens et l'illustre Théodore de Bèze. Le colloque resta sans résultats et la lutte continua longtemps encore entre partisans de Luther et de Calvin.

Mais ces luttes d'idées qui aiguisaient les esprits, ces conflits de consciences également respectables, c'était de la vie encore et elles ne nous empêcheront pas d'appeler le règne de Frédéric un règne, en somme, brillant et utile.

Le comte Frédéric vit aussi fondre sur son pays une épouvantable tragédie, l'invasion des Guises.

L'affaiblissement du pouvoir royal en France avait favorisé les menées des factions. C'est ainsi que la *Ligue* s'était formée pour anéantir les Protestants. Elle avait pour prétexte de défendre la religion catholique et pour but réel de mettre le duc de Guise sur le trône d'Henri III.

Celui-ci n'osa pas s'opposer à un mouvement si puissant. Il accepta d'être le chef nominal de la Ligue. Il en fut bientôt la victime. Henri de Navarre, qui était à la tête du parti protestant, avait demandé secours aux Suisses et à quelques princes protestants d'Allemagne.

Les princes allemands fournirent, au futur Henri IV, 8000 reîtres (cavaliers) et 5000 lansquenets (fantassins), les Suisses 16000 hommes. Mais ces troupes, conduites par des chefs qui ne s'entendaient pas, furent finalement battues. Le duc de Guise et le marquis de Pont les repoussèrent jusqu'en Lorraine et en Franche-Comté. Les Suisses parvinrent à rentrer aussi chez eux. Puis, pour apaiser leurs troupes qui n'étaient pas payées, les Guises leur promirent de leur livrer à discrétion le Pays de Montbéliard pour le punir d'être protestant et pour se venger eux-mêmes de Frédéric qui avait tenté d'intervenir auprès d'Henri III en faveur de ses malheureux coreligionnaires de France. La nouvelle de leur arrivée causa une consternation générale. Laissant son fils à Montbéliard, comme gage de son attachement, Frédéric partit pour chercher du renfort. Puis on se hâte de mettre Montbéliard, Héricourt, Blamont, en état de défense. Tous les habitants, sans distinction d'âge et de sexe, se mettent à travailler aux fortifications de la ville.

Les Guises arrivent au commencement de décembre 1587 et leurs troupes se livrent aussitôt aux plus horribles, aux plus incroyables désordres. Quand ils arrivent dans un village, ils se saisissent de tous les hommes qu'ils y trouvent, même des garçons au-dessus de 10 ans, ils les lient pour en tirer tout l'argent possible. Les uns sont traînés plusieurs jours la corde au cou attachés à la queue de leurs chevaux, d'autres sont suspendus par les pieds, d'autres grillés et rôtis dans l'âtre de leurs cheminées. Les femmes, les filles sont odieusement outragées. Elles s'enfuient, avec les petits enfants, dans les bois, se cachent dans les trous et les cavernes. Il en périt un grand nombre de faim et de froid. D'autres, découvertes et ramenées en troupeau, périssent dans d'infâmantes tortures. Les soldats enlèvent tout le bétail, le grain, le linge qu'ils peuvent trouver pour le vendre à vil prix en Lorraine. Ils tuent les vieilles bêtes qu'ils ne peuvent emmener. Heureusement ils ne purent prendre la ville de Montbéliard, mais ils brûlèrent tous les environs, y compris la papeterie de Foillet à Courcelles.

Le pays était épuisé quand les Guises apprirent, en janvier 1588, que Louis de Wurtemberg et le comte Frédéric arrivaient avec une armée considérable. Ils s'enfuirent alors et licencièrent leur armée. Frédéric réclama en vain le remboursement des sommes volées. Habiles au mensonge, les Guises prétendaient que ces dépradations et ces crimes s'étaient faits malgré eux et ils protestèrent de leur innocence comme ils l'avaient fait lors du massacre de Vassy. C'était une tradition de famille que d'écrire de belles lettres pour désavouer les crimes qu'ils avaient commandés. Mais un an après, Henri le Balafré, assassiné par ordre d'Henri III, était appelé à comparaître devant le Souverain juge.

Après cette invasion, Frédéric se trouvait dans une situation difficile. Il s'était endetté de bonne heure pour subvenir à sa vie trop fastueuse, à ses voyages. Il avait prêté à Henri IV des sommes considérables. Pour subvenir à toutes ses dépenses, il avait dû recourir à des emprunts usuraires ou à des mesures vexatoires comme celle par laquelle il se réservait la vente exclusive du vin. Il aurait pu être vraiment un grand prince sans sa prodigalité, sans son caractère despotique et sa sévérité outrée que ne rachetait pas la libéralité dont il fit preuve à l'égard de ses sujets.

En 1593, le fils de Christophe étant mort sans enfants, le comte Frédéric devint l'héritier du beau duché de Wurtemberg. Il résida dès lors à Stuttgart où il devint la souche de la maison actuellement régnante. Mais il n'oublia jamais Montbéliard qu'il favorisa souvent en accordant, par exemple, aux églises et aux écoles du comté, ruinées par les Guises, une somme annuelle de 5000 florins qui ne fut plus payée après son décès.

Le comte Frédéric mourut à Stuttgart le 29 janvier 1608, après avoir régné 15 ans sur le Wurtemberg et 50 ans à Montbéliard. Il avait eu 15 enfants. Son fils Jean-Frédéric lui succéda dans tous ses états.

Le règne de Jean-Frédéric à Montbéliard fut assez tranquille. Le jeune prince, instruit et avisé, fut plutôt un pacificateur, soit dans l'état, soit dans l'Eglise. Il y avait encore à Montbéliard un certain nombre de familles attachées aux doctrines calvinistes. Elles avaient des réunions particulières, elles allaient prendre la Cène à Bâle, ce qui déplaisait fort aux pasteurs luthériens. Le prince ne cessa d'inviter ceux-ci à « user de modération et de modestie chrétiennes dans les prêches, et à employer la douceur et la persuasion pour ramener dans le bercail du bon pasteur ses brebis égarées ». En matière politique, Jean-Frédéric supprima le monopole de la vente du vin que son père s'était indûment attribué. Il rendit aux habitants d'Héricourt les franchises dont son père les avait privés pour les punir de s'être rendus aux Guises.

Appuyé sur Henri IV, dont il suivait la politique, Jean-Frédéric fut assez heureux de conserver indépendantes les seigneuries adjointes à son comté de Montbéliard que le Parlement de Dole venait de déclarer terres bourguignonnes pour les rendre à la religion catholique. L'affaire fut portée devant le Parlement de Grenoble qui reconnut la souveraineté du comté de Montbéliard et l'indépendance des seigneuries de Clémont, Blamont, Héricourt et Châtelot.

Jean-Frédéric, pendant tout son règne, ne vint qu'une fois à Montbéliard où il signala son passage par des largesses et des mesures utiles à la cité. Enfin, en 1617, par le traité des Cinq frères, il céda Montbéliard et ses dépendances à son frère Louis-Frédéric, mais ce traité stipulait qu'à défaut d'héritiers mâles, le comté devait retourner au Wurtemberg.

PREMIÈRE LECTURE

LES GUISES A MONTBÉLIARD — LE MEURTRE

ET LES TORTURES

Les aventuriers, fort peu recommandables, qui suivaient, à cette époque, la profession des armes, disposaient de moyens aussi expéditifs que variés pour mettre à mort ceux que le grand âge, les infirmités ou une confiance aveugle livraient à leur discrétion. Tantôt ils les perçaient de leurs lances, tantôt ils les abattaient au moyen de leurs arquebuses, comme ils eussent fait d'une pièce de gibier, et après les avoir arquebusés, les achevaient souvent à l'aide de leurs épées. Tel fut le traitement subi par un habitant du village de Chagey, gratifié d'une arquebusade, et qui resta sur le carreau avec la tête fendue et un bras coupé. Les paysans cherchaient-ils à prendre la fuite, ils étaient aussitôt lardés de coups de couteau et de coups d'épée, et laissés pour ainsi dire morts sur place. C'est ainsi qu'un « pauvre simple homme » de Villars-les-Blamont, en sautant une palissade dans l'espoir de s'évader, fut grièvement blessé de plusieurs coup d'estoc. Un autre habitant de Liebvillers, que l'on menait, la corde au cou, à Montécheroux et à Saint-Hippolyte, pour en obtenir une rançon de cent écus, réussit, quoiqu'il eût les bras liés derrière le dos, à se dérober et fut obligé de se jeter dans le Doubs, mais ne pouvant nager à cause de ses liens, il dut revenir sur la rive où l'attendait le soudard acharné à sa poursuite, qui, pris de rage, lui enfonça sa dague entre les deux épaules. C'est avec un plaisir féroce que les Lorrains frappaient les campagnards et les assommaient littéralement avec les pommeaux de leurs épées... Un habitant du village de Nommay, entouré par plusieurs soldats, qui lui coupèrent deux doigts de la main gauche et lui fendirent la tête, parvint à se sauver en se jetant à l'eau. Le misérable estropié se trouvait dans un si piteux état que les os lui sortaient de la tête et qu'il dut payer 20 francs à un barbier de Montbéliard pour se faire soigner.

Les mercenaires, sous les ordres du marquis de Pont, ayant à leur disposition une belle et profonde rivière comme le Doubs, ne se firent pas faute d'y jeter tous ceux qui se trouvèrent à portée de ses eaux grossies par les pluies. Au pont de Voujaucourt où « il y avait un abîme plein de rochers, épouvantable à voir », ils suspendaient par les pieds maints villageois auxquels ils pensaient extorquer quelque bonne rançon, les plongeant dans l'eau comme s'ils voulaient les noyer, et les remontaient ensuite. Dans ce va et vient, les têtes de ces malheureux heurtaient contre les voûtes du pont qui restèrent teintes de leur sang... Un meunier de la Souveraineté du Châtelot qu'ils découvrirent dans une caverne où il s'était caché, fut ramené au logis, deshabillé complètement, malgré la rigueur de la saison, et jeté sous les roues du moulin. Lorsque son corps, que l'on soutenait à l'aide d'une corde, fut bien écorché et mis à vif par les ailes de la roue, les soudards firent rentrer le blessé au moulin et, pour hâter sa guérison, eurent l'attention délicate de lui saupoudrer ses plaies de cendre et de poudre d'arquebuse ; au bout de trois jours de ce bienfaisant régime, le meunier était mort. Les froides cruautés et abominables atrocités commises par ces monstres à face humaine laissèrent dans l'esprit des habitants du pays une telle impression de terreur, qu'un mois après le départ des Lorrains, à la première page d'une enquête instruite dans la seigneurie de Blamont, les officiers de cette seigneurie, accumulant épithètes sur épithètes, ne parlent qu'avec un sentiment de profonde horreur des « désastres, déconvenues, misères et cruautés advenues par les meurtres, homicides, sacrilèges et autres inouïes méchancetés commises et perpétrées par les tyraniques bourreaux et exécuteurs des sataniques desseins et volontés du tigre forcené, enragé, et, en toutes espèces de cruautés et méchancetés, le maître de Néron, le duc de Guise ».

Ni l'âge, ni le sexe ne mettaient à l'abri de semblables rigueurs. Les soldats lorrains ne ménageaient point les femmes affolées qu'ils rencontraient dans les villages. A leur approche, les femmes et filles épouvantées quittaient leurs demeures et se retiraient dans les endroits les plus sauvages et les plus inaccessibles...

Alexandre Tuetey.

DEUXIÈME LECTURE

RELATIONS DES COMTES DE MONTBÉLIARD
AVEC HENRI IV

Pendant que les ligueurs lui disputaient la couronne, Henri IV avait trouvé, dans les princes protestants d'Allemagne, des alliés fidèles et des amis dévoués : il en avait constamment reçu les secours les plus efficaces, et le duc Frédéric, grâce à la position de son comté de Montbéliard, n'avait cessé de lui rendre d'importants services en favorisant la réunion et le passage des troupes auxiliaires. Il lui avait même avancé des sommes d'argent considérables. Les liaisons qu'il entretenait avec le souverain légitime de la France avaient attiré sur son pays une affreuse calamité, l'invasion des ligueurs. Henri IV, affermi sur le trône, n'oublia pas ses anciens amis ; il ne cessa de protéger la maison de Wurtemberg et le duc Frédéric qu'il honorait d'une amitié particulière ; il avait promis à l'héritier de ce prince de réunir au comté de Montbéliard la souveraineté des terres de Franche-Comté, celle du comté de la Roche et les seigneuries de Villersexel et de L'Isle-sur-le-Doubs, lorsque la mort l'empêcha de remplir ce projet.

Henri IV, frappé des maux qu'avait attirés sur les peuples l'ambition des princes absolus, venait de resserrer son alliance avec les protestants d'Allemagne, dans le but d'établir, en Europe, une paix solide et durable. Sa mort fut un coup funeste pour les amis de l'humanité.

Colonel Beurnier.

TROISIÈME LECTURE

LA CULTURE DE LA POMME DE TERRE

A MONTBÉLIARD

Parmi les hommes qui, dans notre province, essayèrent les premiers d'introduire la culture de la pomme de terre, il faut citer les deux frères Jean et Gaspard Bauhin. Jean Bauhin, né à Bâle, en 1540, fut disciple du grand naturaliste Conrad Gessner. Il l'accompagna dans ses excursions scientifiques et finit par se fixer à Montbéliard où il séjourna pendant 43 ans, comme médecin du comte Frédéric. En 1587, ce prince acheta le domaine de Charmontet qui prit dès lors le nom de Grange-

Madame, parce qu'il en fit don à la comtesse son épouse. Cette ferme devint un grand établissement agricole, destiné surtout à l'élève du bétail et au perfectionnement de l'agriculture.

Outre le domaine de Charmontet, le comte Frédéric s'appliquait encore à faire prospérer un riche jardin botanique qu'il avait créé à Montbéliard dès l'an 1578. Ce jardin, le troisième de l'Europe en rang d'ancienneté, renfermait toutes sortes de plantes exotiques. Bauhin en eut la direction toute sa vie. Il l'enrichit de plantes et de fleurs étrangères, et c'est là qu'il cultiva la pomme de terre dès la fin du xvime siècle. Il mourut en 1612, honoré comme un des pères de la botanique, et laissant une histoire universelle des plantes qui a été publiée après sa mort.

Dans le même temps, son frère Gaspard, non moins savant et illustre que lui, parcourait l'Europe pour herboriser, et s'efforçait en même temps de propager la pomme de terre. En 1592, il détermina quelques cultivateurs du Lyonnais et de la Lorraine à en tenter la culture. Ces essais eurent un plein succès. Mais cette plante fut bientôt abandonnée, parce que le bruit se répandit que la pomme de terre était un aliment dangereux. Gaspard Bauhin publia, quelques années après, 1596, son *Enumeratio plantarum* où il décrit près de 3000 espèces, avec leurs variétés. « On y trouve, dit la *Biographie universelle*, la première mention exacte de la pomme de terre, que G. Bauhin range, avec une sagacité peu commune, dans la famille des solanées. en lui donnant le nom scientifique de *solanum tuberosum,* qu'elle conserve encore. Il nous apprend en même temps que la pomme de terre était alors cultivée, comme une curiosité, dans les jardins d'un petit nombre d'amateurs, dont il est fait mention ».

Après les frères Bauhin et malgré leurs efforts, la pomme de terre fut un peu oubliée dans notre pays. On y partageait les préjugés répandus alors dans presque toute l'Europe. Ce légume, disait-on, était un aliment dangereux, ou au moins grossier, à peine bon pour le bétail.

Ce sont les comtes de Montbéliard qui, dans notre pays, ont favorisé les premiers essais de cette culture. C'est à eux encore qu'on en dut la propagation au commencement du xviiime siècle.

De 1699 à 1723, le duc Léopold-Eberard ouvrit dans ses domaines un asile aux anabaptistes expulsés de Suisse, leur patrie. Il leur donna, dit Duvernoy, ses fermes à exploiter et les bonnes pratiques qu'ils y introduisirent exercèrent la plus favorable influence sur les habitants de nos campagnes, qui, s'appropriant peu à peu leurs procédés et leurs méthodes, améliorèrent la culture de leurs terres et la race de leurs bestiaux.

Toutefois un document curieux, de l'an 1756, nous montre combien la culture de cette plante était encore peu considérée dans les terres de ce comté. Le receveur général du domaine présenta, cette année, des remontrances à la régence de Montbéliard, pour se plaindre de ce que plusieurs cultivateurs des campagnes « semaient du millet, des pommes de terre, etc. dans les champs qui devaient être en jachère, ce qui ôte le suc à la terre, et met le blé qu'on y sème l'année suivante hors d'état de croître ». Ce défaut d'intelligence des vrais intérêts de l'agriculture fut heureusement corrigé, quelques années après, par une ordonnance du prince de Montbéliard contre les « cultivateurs qui, imbus de faux préjugés et craignant d'abandonner d'anciens usages, laissent quantité de terres incultes ».

Abbé Suchet.

CHAPITRE XV

Hommes utiles au XVIme siècle.

Guillaume Farel.

Farel n'a pas habité longtemps le pays de Montbéliard, ce n'est pas lui qui a organisé les Églises sorties de la Réforme, mais il a l'honneur d'avoir, le premier, appelé les âmes à la liberté spirituelle et nous lui devons pour cela une place parmi les hommes qui ont été utiles au pays. Farel, d'ailleurs, aima toujours notre ville et ses habitants, et, trente ans après l'avoir quittée, il parle encore « de la grande affection qui le contraint d'aimer Montbéliard ». Il l'aimait sans doute parce que sa parole y avait remporté des succès si éclatants que l'archevêque de Besançon dut excommunier le réformateur, *ses complices et ses adhérents*. Il y avait alors, à Montbéliard, un des plus honorables citoyens de Besançon, nommé Maublanc. Un jour qu'il était témoin des grossières invectives que l'un des chanoines de Montbéliard lançait contre Farel, Maublanc se crut autorisé à lui rappeler la parole du sage Gamaliel : « Si ce dessein (l'œuvre de la Réforme) est un ouvrage des hommes, il se détruira de lui-même, mais s'il vient de Dieu, vous ne pouvez le détruire, et prenez garde qu'il ne se trouve que vous ayez fait la guerre à Dieu ». Ce propos évangélique fut rapporté à l'archevêque et Maublanc à peine de retour à Besançon, fut immédiatement arrêté. Il mourut en prison *et il fut enterré aux champs comme un chien*. Voilà ce qu'il en coûtait de connaître et de citer la Bible.

Farel, lui, connaissait la Bible et s'appliquait à la faire aimer.

Tous ses écrits attestent une connaissance approfondie de la Bible ; ses lettres rappellent, en quelque façon, les Epîtres des apôtres, tant elles sont simples, évangéliques, riches en instructions salutaires et pleines de consolations. « Avant toutes choses, écrit-il aux réformés de Metz, il faut prier, et non seulement pour soi-même et pour ses amis, mais plus encore pour ses ennemis ; et quand Dieu vous a délivrés des dangers qui vous menacent ne demanderez-vous pas une délivrance plus excellente et un plus grand bien que celui qui vous a été donné ? Regardez, au nom de notre Seigneur Jésus, de corriger votre vie et ayez tout péché en horreur et détestation. Fuyez l'avarice, toute tromperie et déception ; n'ayez point vos cœurs ni vos trésors en la terre, mais au ciel. Ayez vos consciences nettes et pures ; que vos pensées soient saintes, et loin de toute souillure, comme il appartient à ceux qui ont Dieu en leur cœur. Que vos paroles soient saintes, aussi honnêtes et pleines d'édification ; que rien ne sorte de votre bouche qui ne soit en l'honneur de Dieu, et à l'édification de tous ceux qui vous entendent parler. Que votre bouche ne soit point à vous, mais à celui qui vous a rachetés par son précieux sang. Ne soyez sujets ni à gourmandise, ni à ivrognerie, ni à fornication ; mais en toute sobriété, tempérance, et chasteté servez à Dieu. Et non seulement sachez vivre purement, mais aussi travaillez, au nom de notre Seigneur, à retirer les autres de tout mal, et par vos exemples et par de saintes admonitions ».

Farel se distinguait par un zèle toujours fervent, par une éloquence mâle et entraînante ; et c'est du cœur qu'il parlait. Il ne se donnait d'autre titre que celui de *prêcheur de l'Évangile* et avait pour principe invariable qu'*on n'est justifié que par une foi besognante par charité*.

Sa persévérance égale son enthousiasme ; les mauvais traitements, les dangers qu'il court, ne servent qu'à exalter son courage ; il sait tout supporter pour le règne de Dieu, et il déclare en maintes circonstances qu'il répandrait avec joie son sang pour prouver la vérité de sa prédication.

Le Réformateur Pierre Toussain.

Pierre Toussain naquit, en 1499, à Saint-Laurent sur l'Othain, d'une famille pieuse et considérée. Le jeune Pierre fut élevé à Metz près de son oncle, primicier du chapitre. Son oncle l'envoya ensuite étudier à Bâle, à Cologne, à Paris, à Rome et, en 1515, le jeune homme était chanoine à Metz. Il ne tarda pas à s'apercevoir qu'à Metz comme partout, l'Eglise avait besoin d'une réforme. Les scandales s'y multipliaient. Mais l'Eglise persécutait les réformateurs et le jeune chanoine dut, en 1524, se réfugier à Bâle avec quelques amis. Après avoir vainement tenté de rentrer à Metz pour y prêcher l'Évangile, Toussain passa quelque temps à Paris qu'il dût quitter aussi en 1531. Quelques années plus tard, désireux de connaître personnellement les réformateurs de ce pays, il s'était rendu en Allemagne. Comme il passait en Wurtemberg, Ulric le garda pour prêcher et pour enseigner dans les couvents qu'il voulait réformer et qui étaient dans un désordre profond. L'année suivante, lorsqu'Ulric se fut décidé à appuyer, à Montbéliard, le mouvement réformateur, il envoya Toussain dans cette ville qu'il ne devait plus quitter jusqu'à sa mort en 1573.

Pierre Toussain était alors un homme de 36 ans, d'apparence distinguée. Sa piété était réelle. Ses lettres témoignent d'un attachement profond à Jésus-Christ. C'est au Christ qu'il a sacrifié sa position et sa sécurité. Son grand souci est d'étendre le règne du Christ sur la terre. Désintéressé et ardent, il ne regrette pas la pauvreté dans laquelle l'a jeté son adhésion à la Réforme.

Quand il arrive à Montbéliard, il sent toute la difficulté de la tâche qui lui est confiée. D'un côté, un pays enfoncé dans le bourbier d'habitudes et de superstitions séculaires, des mœurs mauvaises, une ignorance générale et, de l'autre, des princes, comme Ulric et Georges, qui appuient timidement la Réforme par crainte de l'empereur.

Cependant Toussain se met à l'œuvre. Il cherche des pasteurs savants et pieux ; puis, il s'occupe de fonder une bonne école. Peu à peu il gagne tout à fait les bourgeois et les princes et enfin, après trois ans de prédication, la messe est supprimée et la Réforme introduite, en 1538. Mais cette réforme n'était encore que sur le papier. Il fallait relever la foi et les mœurs. Pour cela, Toussain présenta au prince, en 1540, un plan de réformation bien instructif et qui, sur beaucoup de points, pourrait encore être proposé à nos contemporains. Le réformateur se montre sévère, par exemple, pour « les grands et horribles péchés qui se font en ville et dans les villages en jouant et buvant dans les tavernes ». Il s'émeut à la pensée des femmes et des enfants mourant de faim dans les maisons tandis que les maris perdent au jeu « leur peu de bien ». Il voudrait qu'on remédiât aux excès des dimanches et des jours de fêtes, à la coutume de crier et de chanter à haute voix des chansons dissolues, aux jurements et aux blasphèmes qui sont dans la bouche de chacun..... » Toussain se mit à son œuvre de réforme de la foi et des mœurs avec une ardeur inlassable et il se fit toujours plus aimer et estimer dans sa ville d'adoption.

Il eut bien des difficultés et des luttes. Il prit sa part dans les controverses du temps et il dut quelquefois se séparer de ses amis ; il eut la douleur de voir son travail menacé par l'introduction, à Montbéliard, de l'Intérim de Charles Quint, mais rien ne put l'arracher à son œuvre, et c'est à Montbéliard qu'il mourut à l'âge de 75 ans. Sa mort excita des regrets universels. Il était tolérant, pacifique et dévoué.

P. Toussain s'était marié. Il eut plusieurs enfants dont l'un, Samuel, fut pasteur à Vandoncourt et dont l'aîné, Daniel, est devenu un des théologiens célèbres de la fin du xvime siècle.

Le Procureur général Charles Mercier.

Charles Mercier, fils d'un chirurgien de Montbozon, se retira à Montbéliard, en 1542, pour cause de religion. Trois ans après, il était reçu bourgeois de la ville. Successivement notaire, receveur des cures et greffier de la mairie, il sut, par son talent et ses vastes connaissances, se faire apprécier du duc Christophe qui en fit son procureur-général. Il exerça cette charge pendant 24 ans. Il jouit encore de toute la confiance du comte Georges qui l'employait dans toutes ses affaires. Après la mort du duc Christophe, en 1568, l'autorité tomba entre les mains des autres princes tuteurs du jeune comte Frédéric. C'étaient des luthériens intolérants. Ils ne pouvaient pardonner à Mercier d'être attaché aux doctrines de Calvin et pour se débarrasser d'un homme très influent, ils le firent accuser par un de ses ennemis de graves concussions. Il fut arrêté et conduit dans les prisons du château. Son procès suivit bientôt. Plus de 100 témoins à charge et à décharge furent entendus. Mercier se défendit avec autant de courage que d'éloquence, mais il fut condamné à mort par des juges prévenus contre lui. Les princes tuteurs commuèrent sa peine en prison perpétuelle et Mercier fut enfermé au château de Blamont dans un fond de basse-fosse. C'était en 1575. Cinq ans plus tard, Frédéric, devenu majeur, rendit enfin justice à Mercier et le rétablit dans ses *honneur et bonne fame* (réputation). Pendant sa prison, il avait réussi à recevoir des lettres de ses amis dans du pain et à envoyer ses billets dans des doublures d'habit. Mercier avait été chargé de l'enquête faite sur les prêtres catholiques en 1550 et cela lui avait valu de nombreuses inimitiés.

Antoine Carray.

Antoine Carray, fils de Jean Carray le jeune, est né Montbéliard vers 1530 et fit ses études à Bâle, Strasbourg, Padoue et Paris. Il entra, en 1554, au service du comte Georges et fut successivement registrateur des archives, maire de la ville de Montbéliard et enfin conseiller de régence. Il mourut vers 1598. Il fut lui aussi, dénoncé comme partisan des doctrines helvétiques ou calvinistes, mais, bien que gendre de Mercier, il conserva toujours son emploi. Son fils Hector devint vice-chancelier de Montbéliard et rendit, en cette qualité, de grands services à son pays. Hector Carray, ne pouvant supporter le cheval, est le premier particulier qui ait eu un carrosse à Montbéliard.

Jean Bauhin.

Ce naturaliste du XVIme siècle porte un nom à jamais illustre dans les annales de la botanique.

Né à Bâle, au mois de février 1541, de Jean Bauhin, docteur-médecin, et de Jeanne Fontaine, sa femme, il s'appliqua de bonne heure aux langues anciennes et aux belles-lettres. Son père, originaire d'Amiens, dont il s'était éloigné à cause des nouvelles doctrines religieuses qu'il avait embrassées avec ardeur, fut son premier maître dans l'étude de la médecine et de toutes les sciences qui en font la base ; mais il se livra principalement à celle des plantes, pour laquelle il avait le goût le plus décidé. Ses progrès furent si rapides qu'à l'âge de dix-huit il était en correspondance avec

Conrad Gessner, et que ce grand naturaliste le consultait sur les difficultés qu'il rencontrait an milieu de ses travaux.

Après avoir terminé, à Bâle, ses cours académiques et pris ses degrés en médecine, Bauhin se rendit à l'universiré de Tubingue où la botanique était enseignée par le savant Léonard Fuchs. Il y passa l'année 1560. De cette ville, il alla à Zurich, auprès de Gessner, avec lequel il parcourut les Alpes et une partie de la Suisse. Le désir d'accroître ses connaissances le conduisit en Italie, et on le voit habiter quelque temps Padoue. De là, il vint en France, et pendant un assez long séjour à Montpellier (1562 et 1563) il fit le catalogue, demeuré inédit, des plantes qui croissent aux environs de cette ville. Il visita aussi d'autres contrées méridionales du royaume et particulièrement Narbonne et son voisinage. A Lyon[1], il établit d'intimes relations avec Dalechamp, qui le fortifia dans le dessein qu'il méditait déjà alors de travailler à une histoire universelle des plantes. En effet, il en traça la première ébauche, et c'est pour atteindre ce but, comme dans celui de *démontrer aux compagnons apothicaires* de la ville, qu'*il avait orné son jardin de belles et diverses plantes, prenant aussi plaisir à*

---

[1] Il y séjourna deux ans et y épousa sa femme Denise Bernard.

l'anatomie et chirurgie. Le magistrat de Lyon l'ayant attaché, par des honoraires fixes, au service de la cité, il eut le dessein d'y fixer sa demeure, et se maria à la fille d'un des plus notables habitants ; mais les troubles religieux qui vinrent désoler la France changèrent sa détermination et, après une courte résidence à Genève, il retourna à Bâle où il fut nommé professeur de rhétorique, en 1566.

Quatre ans après, la régence de Montbéliard, accomplissant l'ordre des princes tuteurs du jeune comte Frédéric de Wurtemberg, l'appela à succéder, comme médecin et physicien de la principauté, à Nicolas Vignier, réfugié français, connu par divers écrits historiques. Bauhin ayant accepté cet emploi si honorable et avantageux à ses intérêts, se rendit à Montbéliard avec sa famille, au commencement de l'année 1571.

Jusqu'alors, l'exercice de la médecine dans le pays qui venait de l'adopter, n'avait guère été confié qu'à des empiriques ; il n'y existait point de réglements conservateurs de la santé, ni rien qui fût propre à entourer d'une juste considération ceux qui pratiquaient les diverses branches de l'art de guérir. Bauhin sentit la nécessité de combler cette grave lacune ; il provoqua la réunion des médecins, chirurgiens et apothicaires en un collège ou société et dressa un statut fort remarquable qui fut approuvé par l'autorité publique et ne tarda point à produire des résultats efficaces (1575).

C'est de même à ses soins que l'on dut la création d'un jardin botanique à Montbéliard.

En l'année 1590, des loups atteints de la rage, désolèrent les campagnes du comté de Montbéliard et de la seigneurie de Belfort. Bauhin crut devoir informer le public de plusieurs accidents funestes qu'avaient causés ces animaux et des moyens curatifs dont il s'était servi avec le plus de succès. Ce fut le premier ouvrage qu'il mit au jour ; il y montre de profondes connaissances sur cette horrible maladie, et les médecins de notre siècle ne l'ont pas beaucoup surpassé. Ce livre a paru en trois diverses éditions, française, allemande et latine, sous le titre de : *Histoire notable de la rage des loups, advenue l'an 1590, avec les remèdes pour empêcher la rage qui survient après la morsure des loups, chiens et autres bêtes enragées.* (Montbéliard, Foillet, 1591).

Bauhin publia aussi, en 1593, sur les sollicitations du baron de Montjoie, gouverneur de Belfort, son intéressant *Traité des animaux ayant ailes, qui nuisent par leurs piqûres ou morsures, avec les remèdes ; outre plus une histoire de quelques mouches ou papillons non vulgaires, apparus l'an 1590, qu'on a estimé fort venimeuses.* (Montbéliard, Foillet, petit in-8°), avec une planche en taille-douce.

L'année suivante, on découvrit, au lieu de Boll, dans le duché de Wurtemberg, une source d'eau minérale qui paraissait avoir de grandes propriétés. Bauhin fut chargé d'en faire l'analyse et d'en observer les effets. Il résulta de cette mission dont le duc Frédéric, en même temps comte régnant de Montbéliard, l'avait honoré, un ouvrage important, non moins précieux pour les médecins que pour les naturalistes. En effet, l'auteur ne s'est pas borné à la description des eaux de Boll, à la manière d'en faire usage et au récit des maladies qu'elles ont dissipées ; mais il a étendu ses investigations savantes sur la minéralogie, la botanique et l'insectologie de leur voisinage.

On trouve dans son livre les figures en bois de 211 coquillages fossiles, de 60 espèces de pommes, de 39 variétés de poires, de 8 espèces de champignons et de 16 différents insectes. C'est un des premiers essais qui ait été fait en ce genre, et il a servi de modèle. Au commencement du XVIIme siècle, on trouva, sur le territoire de Lougres, qui dépendait alors de la souveraineté commune du comté de Montbéliard et de la seigneurie de Châtelot, une fontaine à laquelle on attribua bientôt l'influence la plus salutaire. Jean et Gaspard Bauhin et le docteur Cherler furent chargés, par le prince et la régence de Montbéliard, d'en constater les propriétés et les vertus. L'affluence des buveurs et des baigneurs était considérable, elle augmentait même chaque jour et selon des rapports authentiques, cent cinquante-neuf malades avaient, dans l'espace de quatre mois, recouvré la santé à cette source merveilleuse, autour de laquelle on vit bientôt se grouper un assez grand nombre d'habitations. Jean Bauhin et ses deux collègues apportèrent dans l'examen des eaux de Lougres les soins les plus attentifs ; aucune observation ne leur échappa et convaincus de leur efficacité par les nombreuses guérisons qui s'étaient opérées sous leurs yeux, ils crurent qu'il était de leur devoir d'en rendre un témoignage public. Jean prit la plume et retraça en nom collectif l'*Histoire des merveilleux effets qu'une salubre fontaine, située au village de Lougres, a produits pour la guérison de plusieurs maladies en l'an 1601.* (Montbéliard, 1601).

On lit à la suite une *Description poétique des vertus et propriétés admirables de la saine fontaine, par François de Lancluse,* réfugié français à

Montbéliard, connu par une violente satire contre la Cour de Rome. Cet opuscule de Bauhin, qui fut traduit en langue allemande par Zacharie Dolder et imprimé à Montbéliard en 1602, doubla la vogue de la fontaine de Lougres ; elle l'a conservée pendant près de cent cinquante ans.

Le dernier écrit de Bauhin, publié par lui-même et qui est aussi rare que tous les autres, renferme des avis et des remèdes contre la peste, dont les ravages n'étaient alors que trop fréquents.

Son zèle ne se démentit jamais. Il ne laissa échapper aucune occasion d'être utile à sa nouvelle patrie et de concourir aux vues généreuses d'un souverain qui le comblait de témoignages de son estime et de sa munificence.

En effet, le duc Frédéric, non content de l'avoir nommé son premier médecin et d'avoir augmenté ses appointements le décora d'une chaîne et d'une médaille en or à son effigie et l'investit, à titre de fief féminin (1595) d'un domaine considérable situé à Forstweyr et Markholsheim, dans son comté d'Horbourg, en Haute-Alsace. La faveur dont il jouissait auprès de lui ne fut jamais ébranlée. Quelques légers mécontentements causés par des absences que sa pratique étendue rendait nécessaires, étaient facilement dissipés à son retour. Le prince aurait désiré que Bauhin renonçât à sa nombreuse clientèle du Sundgau et du comté de Bourgogne, et, pour nous servir de ses propres expressions, qu'*il allât moins souvent manger des têtes de moines à la table de l'évêque de Bâle et boire du vin de Salins à celle de M. de Vergy,* gouverneur de la Franche-Comté.

Un penchant trop vif pour le vin et la bonne chère lui fit contracter le germe d'infirmités qui le tourmentèrent plusieurs années avant son décès. On lui reprochait aussi des opinions religieuses quelque peu relâchées ; cependant à son heure suprême, il s'acquitta avec ferveur de tous ses devoirs de chrétien, et le ministre qui lui avait apporté les dernières consolations rendit, par ses ordres, un témoignage public à la pureté de sa foi (1612).

Charles DUVERNOY.

CHAPITRE XVI

La guerre de Trente ans.

Le comté de Montbéliard avait été assez tranquille pendant les premières années du XVIIme siècle. Louis-Frédéric avait réussi à maintenir la tranquillité dans ses états jusqu'à sa mort, en 1631. C'était un prince juste, affable et bienfaisant qui fut très regretté. Avant de rendre le dernier soupir, il dit à son aumônier : « C'est un faire le faut ; Dieu le veut ; » puis s'adressant à ses principaux officiers il ajouta : « Il faut que je m'en aille ; je vous recommande ma femme et mes enfants. Plaise au Seigneur leur accorder ses bénédictions temporelles et spirituelles ! Adieu, adieu, nous nous verrons derechef au ciel ».

A la mort de Louis-Frédéric, son fils aîné, Léopold-Frédéric, lui succéda sous la tutelle de ses oncles et il régna de 1631 à 1662. Le malheureux prince eut un règne semé de douleurs et de ruines. C'était l'époque à jamais funeste de la guerre de Trente ans qui jeta la désolation dans la plus grande partie de l'Europe. Un nouvel empereur, Ferdinand II, élève des Jésuites et entièrement dirigé par

eux, avait rendu, en 1629, un édit trop célèbre ordonnant aux protestants de restituer
tous les biens ecclésiastiques qui avaient été
sécularisés depuis 1555. Il permettait aux princes catholiques de chasser les protestants établis chez eux, menaçant les récalcitrants du
ban de l'empire. La majorité des princes s'é-
taient soumis, mais l'électeur de Saxe et le
margrave de Brandebourg se levèrent pour la
défense de la liberté civile et religieuse. Pendant la minorité du Louis XIII, la France
commit la faute d'abandonner ses alliés protestants d'Allemagne et particulièrement l'électeur palatin qui fut écrasé. Richelieu, heureusement, vint reprendre la politique de Coligny
et d'Henri IV et renouer les alliances qui devaient abaisser la maison d'Autriche. Il s'allie
aussi avec le roi de Suède, Gustave-Adolphe,
et bientôt l'Allemagne soulevée chassa les Impériaux. Malheureusement, la mort de Gustave-
Adolphe vint mettre la désunion parmi les
protestants et rétablir les affaires des Impériaux.
Depuis 1634, la guerre s'était étendue jusqu'en
Alsace. Cantonnés dans les environs de Lure,
les impériaux faisaient des courses continuelles et
des réquisitions dans le comté de Montbéliard
ce qui détermina le gouvernement de cette
ville à demander la protection de la France.

Louis XIII était alors en Lorraine avec peu de troupes disponibles. Il sentit cependant l'intérêt qu'il y avait à posséder une place qui donnait à ses alliés, maîtres de l'Alsace, un point d'appui pour surveiller ou conquérir la Franche-Comté et il accéda à la demande du gouvernement de Montbéliard. En conséquence, le marquis de Bourbonne vint occuper Montbéliard et Blamont. Cela n'empêcha pas le pays lui-même de souffrir du passage des troupes des diverses armées en lutte. Les années 1634 et 1635 furent particulièrement malheureuses pour nos populations. En avril 1635, le duc Charles de Lorraine, qui soutenait les Impériaux, vint aux environs de Montbéliard avec une armée considérable. Il bloqua la ville, brûla en tout ou partie une foule de villages. Beaucoup de paysans s'étaient réfugiés à Montbéliard où ils ne tardèrent pas à souffrir de la famine et de la peste qui fit périr plus de 2000 personnes.

Quand la France apprit la présence du duc de Lorraine à Montbéliard, elle y envoya le comte de la Suze, puis le maréchal de la Force et le cardinal de la Vallette avec 15000 fantassins et 6000 cavaliers. Le duc de Lorraine se retira devant eux. Quelque temps après, le pont de Voujaucourt ayant été rendu aux Impériaux, une troupe de bourgeois et de paysans le reprirent. Le comte de la Suze ayant été tué, fut remplacé, comme gouverneur de Montbéliard, par le marquis de Grancey qui ne put empêcher 3000 bourguignons d'assiéger la ville et de ruiner les environs. Tous les partis, au reste, ravageaient les campagnes, vivant sur le peuple, lui extorquant de l'argent ; la cherté des vivres était excessive et un hiver violent, en 1636 et 1638, vint encore augmenter la détresse générale. Par là-dessus, le duc de Lorraine vint reprendre ses ravages en juillet 1638 et attaquer la ville de Montbéliard qui résista victorieusement aux trois assauts qui furent donnés.

Le fléau de la guerre parut dès lors s'éloigner un peu du pays. Au reste, il n'y avait plus rien à y prendre. Les villages étaient à moitié détruits, les paysans ruinés, les terres en jachères. Les ruines intellectuelles avaient suivi. Au milieu des guerres, on n'avait pu instruire les enfants et, en 1673, la visite ecclésiastique constatait une ignorance générale. « A Ecurcey, disait-elle, il n'y a pas un homme d'âge avancé qui sache chanter à l'Eglise, ni écrire son nom ».

Enfin, en 1648, lors de la signature du traité de Westphalie, des jours plus sereins commencèrent à reparaître, les habitations furent reconstruites, les terres remises en culture et une tranquillité relative permit au pays de se relever peu à peu de ses ruines morales et matérielles. Mais ce ne put être là l'œuvre d'un jour. Quand le duc Léopold-Frédéric mourut, en 1662, à l'âge de 36 ans, il laissait des dettes énormes, un trésor vide, sa vaisselle engagée et ses domestiques pas payés.

PREMIÈRE LECTURE

L'AGRICULTURE A MONTBÉLIARD

L'avancement de l'agriculture dans le pays de Montbéliard doit être attribué en bonne partie à la suppression des corvées qui pesaient sur les habitants de la campagne et que le gouvernement convertit en une prestation fixe et annuelle, tantôt en grains, tantôt en numéraire. Cette mesure qui remonte à 1593 ne fut d'abord introduite qu'à titre d'essai et n'en éprouva pas moins beaucoup de contradictions. Rien, cependant, ne paraissait plus facile que de convaincre le laboureur qu'il avait beaucoup à gagner, si, libre de toutes charges personnelles envers son seigneur, il pouvait consacrer toutes ses journées au travail de ses champs et à l'éducation de ses bestiaux. Cinq ans étaient à peine écoulés que les juges de la prévôté, qui représentaient alors la population des campagnes auprès du gouvernement, sollicitèrent en son nom un nouvel abonnement des corvées, n'hésitant pas à convenir que le nombre des chariots et bêtes traînantes s'est augmenté dès lors, que les chevaux sont beaucoup meilleurs, et que, s'il fallait de nouveau faire des corvées, le labourage viendrait à ruine. L'agriculture continua à faire, dans nos contrées, des progrès rapides jusqu'à l'époque où elles devinrent le théâtre de longues et sanglantes hostilités (1628-1648). Pendant que la flamme détruisait les habitations des paysans inoffensifs, le fer, la peste et la famine en diminuaient le nombre, et ce qui avait échappé à ce triple fléau végétait dans le plus affreux dénuement. Les plaies causées par la guerre au premier et au plus utile des arts étaient loin encore d'être fermées en 1662. Il est vrai qu'à cette époque le duc Léopold-Frédéric, amateur passionné de la chasse, avait laissé le gibier se multiplier à tel point, que beaucoup de cultivateurs s'étaient résignés à abandonner leurs terres, plutôt que d'en voir les récoltes servir à la pâture des bêtes fauves. Il est vrai encore que le laboureur témoignait beaucoup d'incurie. On en peut juger par les paroles suivantes d'un contemporain : « On peut mettre aussi parmi les causes d'une agriculture mal rétablie le peu de soins que nos villageois ont à nourrir et à élever le bétail. Il ne faut pas s'étonner que l'agriculture de ce pays est *si piètre et si malotrue,* puisque la plupart d'entre eux laissent périr leurs chevaux et autres bêtes trahantes, tant à faute de soin et de foin qu'à force de travail qu'ils leur font prendre, tant à charrier du vin pour les hôtes (les cabaretiers), de la mine, et du fer pour les maîtres de forge, et autres denrées pour les marchands, par des temps fâcheux et de mauvais chemins, pour l'appétit d'un peu d'argent qu'ils laissent dans les hotelleries avant que d'être de retour de leurs voyages, avec des chevaux estropiés et ruinés».

Charles DUVERNOY.

DEUXIÈME LECTURE

LA PAPETERIE DE BELCHAMP

Vis-à-vis le moulin de Belchamp, sur la rive droite du Doubs, près d'Arbouans, un moulin à papier s'élève en 1612 dans un champ du domaine : Jacques Foillet a trouvé deux commanditaires, Gerson Binninger, trésorier de Son Altesse et Jeanmaire, marchand montbéliardais, qui lui fournissent chacun 1,600 francs, tandis qu'il en apporte 600 tant en argent qu'en outillage. Jacques Foillet avait seul la compétence voulue pour diriger l'usine et commander les ouvriers ; après lui, le directeur fut un allemand nommé Gerbert, remplacé en 1619 par le maître papetier Jean Poinsot. Dès 1618, Jeanmaire et Gerson Binninger restent seuls associés. A ce moment, les foires de Strasbourg acceptent et écoulent la majeure part des produits de Belchamp, papiers fin, gris, moyen, petit ou papier dit Shiltlin, réservé pour l'impression, dont le prix varie de 5 à 9 florins la balle.

Les armoiries de Wurtemberg-Montbéliard, soulignées des initiales G. B. (Gerson, Binninger), G. M. F. (Gerson, Maire, Foillet), et, à partir de 1635, des signes I. L. B. (Jean et Léonard Binninger), permettent de reconnaître les papiers de Belchamp, qui suffit longtemps à la consommation de la chancellerie, des tabellionnés, des écoles et des imprimeries de Montbéliard, jusqu'au jour où d'autres usines s'établirent à Glay, à Meslières, à Etupes, en 1663, 1671 et 1771. La papeterie de Meslières, vendue par Nicolas Morel à Frédéric Blum et Jacques Hodel, deux bâlois, en 1741, couvrait le marché suisse de papiers marqués de la crosse de Bâle ; celle de Glay, fondée par Étienne Ponnier et le censeur de la cour, Klœppfel, après avoir eu pour filigrane l'écu de Wurtemberg, soutenu des initiales P. et K., faciles à traduire, passa au milieu du XVIIIe siècle entre les mains d'une famille Molitor qui, après avoir contrefait sans les égaler, les meilleurs papiers français, sous Louis XVI, eut un succès patriotique et commercial considérable par ses filigranes républicains où l'arbre de la liberté, coiffé du bonnet phrygien, coudoyait une République assise, entourée des devises traditionnelles. Jules GAUTHIER.

TROISIÈME LECTURE

MONTBÉLIARD PENDANT ET APRÈS LA GUERRE
DE TRENTE ANS

Lorsqu'on lit la chronique de Bois-de-Chêne, on a le cœur serré. A chaque instant, les paysans des environs de Montbéliard se réfugiaient dans cette ville. Les objets de consommation atteignent des prix exorbitants. En 1622, le blé se paye 5 francs, 4 gros, la quarte. Or, en 1617, le blé valait 14 sols la quarte et, en 1621, 22, 30 et 45 sols. En 1630 il se paye 4 francs la quarte ; en 1636, 5 francs et même 8 francs. En 1637, le porc vaut 3 batz la livre. En 1638, les œufs montent à 15 rappen la pièce. La même année, la viande ne se vend plus, elle est trop chère. Des revendeurs, « les crampets, dit Bois-de-Chêne, allaient quere (chercher) en Suisse toute sorte de provisions en la ville, sçavon, lard, beurre, œuf et fromage ».

La peste avait fait son apparition à Montbéliard en 1627. « Le dernier du mois de novembre, dit le même chroniqueur, l'on a publié les deffenses pour la peste et a-t-on enfermé depuis la maison de Huges Bois-de-Chesne jusques au puits Govard. A ce subject, l'on a institué Mᵉ Nicolas Dargent chirurgien pour barbier de la peste, et le jeune maistre Jean Tiersot pour ministre ». Ce fléau fit de grands ravages jusqu'en 1628. « Le premier de janvier 1628, les chomffes ont contribué pour faire des logis proche le cimetière de la peste pour loger les pestiférés ». La peste s'étendit aux environs, le 6 juin à Bondeval et à Aibre ; le 12, à Vandoncourt ; le 14, à Nommay. Elle reparut en 1636 et fut d'une violence inouïe. Les maisons étaient remplies de malades, « tant de soldats que autres de la ville et aussi à Héricourt, » dit encore Bois-de-Chêne. « Tout le long de ce mois de juin, grande mortalité de peste par toute la ville tant bourgeois que soldats et autres, tant morts de la peste que du chaux mal et enterrés au semetière de la peste ». Il mourut 2,000 personnes à Montbéliard. A Héricourt, il ne resta que 40 chefs de famille. En juillet 1636, il n'y avait plus que 17 pasteurs en exercice.

D'ailleurs, nous possédons quelques chiffres qui ont leur éloquence : En 1604, il y avait 28 ménages à Etobon, 15 à Belverne, 24 à Chenebier, 19 à Echavannes. En 1638, il n'y avait plus que 5 ménages ou 26 personnes à Etobon, 3 ménages ou 14 personnes à Belvernes, 8 ménages ou 38 personnes à Chenebier, 3 ménages ou 14 personnes à Echavannes. En 1646, il y a une légère augmentation : Etobon compte 6 ménages, Belverne 4, Echavannes 3 et Chenebier 11. Nous pouvons suivre la progression d'année en année : Etobon a 10 ménages en 1664, 10 en 1667, 18 en 1682, 16 en 1689. Chenebier en a 12 en 1634, 13 en 1667, 18 en 1689. Héricourt, qui comptait 165 ménages ou 700 habitants en 1633, n'a plus que 40 ménages ou 170 habitants en 1638. Montbéliard avait 3,000 habitants en 1617 ; en 1700, la population ne sera plus que de 2,489.

La lenteur avec laquelle la population augmenta, après les années terribles de 1636 et 1637, nous dit assez quelles souffrances et quelles pertes notre pays subit et endura. La misère qui en était résultée se prolongea de longues années. Je rappelle les plaintes du comte Georges, en 1662, et les événements de 1677 à 1697 ; le lecteur appréciera.

Ce tableau serait incomplet si nous passions sous silence les corvées et les tailles imposées au peuple. Les corvées qui pesaient sur les paysans avaient été abolies, en 1558, pour le Comté et pour les seigneuries d'Etobon et de Blamont. En 1593, cette mesure fut étendue aux autres seigneuries. Les paysans payèrent chaque année une quantité fixe de blé, de seigle et d'avoine. Au commencement du XVIIe siècle, ces livraisons annuelles furent remplacées par une somme d'argent. Mais de 1636 à 1664, à cause de l'appauvrissement résultant de la guerre de trente ans et de la peste, les corvées durent être faites en nature. En 1664, les paysans donnèrent de nouveau du blé et du seigle. Vers 1688, ils refusèrent de payer en espèce. Ils demandaient à faire les corvées en nature. L'intendant de Besançon les força de payer 12 livres tournois par charrue ou attelage de quatre bêtes, 6 livres tournois par demi-attelage et 3 livres par chef de famille qui ne possédait point d'attelage. Tous les habitants devaient faucher et faner les prés du prince. Ils recevaient alors par journée de travail trois livres de pain par faucheur et voiturier et une demi-livre de pain par faneuse, et du vin.

Si l'on veut apprécier le pouvoir de l'argent, à Montbéliard au XVIIe siècle, il faut savoir « qu'en 1654, la journée d'un manœuvre, nourriture en sus, valait en été 4 gros et en hiver 2 gros, et nourriture comprise, elle valait en été 8 gros et en hiver 4 gros ; celle d'un faucheur, d'un vigneron, d'un maçon, ou d'un charpentier, 9 gros, nourriture en sus ; celle d'un couvreur (toitot), d'un menuisier, d'un vitrier, 10 gros dans les mêmes conditions ; la journée d'une voiture à trois ou quatre chevaux était payée 9 gros par cheval, conducteur compris.

« Le labour d'une quarte de terre valait 6 gros 3 blancs. Un tombereau de sable se payait 3 gros. Une paire de roues de charriot variait de 30 gros à 3 francs ; une paire de roues de carrosse avec l'essieu valait 4 francs.

« La grosse serrurerie ou maréchallerie valait 2 gros la livre ; une serrure à ressort et verrou 12 batz ; la livre d'étain fin, en plats et assiettes, 14 à 15 gros ; d'étain commun, 10 gros et en poterie, 10 1/2 gros.

« Une selle piquée valait de 18 à 24 francs ; un collier de cheval en basane, 2 francs ; une paire de souliers, à *trois semelles pour bourgeois ou laboureurs,* de 24 à 28 batz, et *de bourgeoise,* de 12 à 20 batz ; la façon d'un habit ordinaire, 18 gros ; d'un habit d'étoffe fine, 1 florin ; d'un manteau, de 15 à 21 gros.

« Le maitre tailleur, pris à la journée et nourri chez la pratique, recevait 3 gros, etc. ».

Blaise MÉRIOT.

CHAPITRE XVII

Le comte Georges (1662-1699).

Le comte Georges, frère et successeur de Léopold-Frédéric, n'avait guère devant lui que des ruines. Lui-même écrit dans son journal, à la date du 1ᵉʳ juillet 1662 : « Divers lieux manquaient de ministres; plusieurs cures tombaient en ruines; il était dû des gages depuis plusieurs années, la recette était en désordre; on ne rendait pas de comptes; les débiteurs étaient devenus insolvables, les greniers, caves et épargnes, tout était vide et le peuple désolé.

Il fallait d'abord repeupler ce pays dévasté ». Pour y parvenir, Georges exempta de tout impôt pendant quatre ans les étrangers qui viendraient s'établir dans ses terres, pourvu seulement qu'ils fussent de la religion du prince et du pays. Il en vint en effet un certain nombre. Georges prit ensuite différentes mesures pour favoriser autant que possible l'agriculture, ruinée par les guerres et les contributions de guerre. Ensuite, pour rétablir l'ordre de ses finances, il réclame, mais en vain, les sommes énormes qu'avaient coûté à Montbéliard l'entretien des troupes françaises pendant le règne précédent. En même temps, il s'occupe de relever les églises et les écoles. A Montbéliard, il reconstruisit l'Ecole française et ouvre en 1670 le Collège ou l'Académie. C'était l'enseignement supérieur introduit dans la ville après tous les autres. Mais l'heure du travail paisible n'avait pas encore sonné pour nos malheureuses populations. Elles commençaient à peine à se relever que l'ambition de Louis XIV allait rouvrir pour elles la période des angoisses et des ruines. Montbéliard, placé entre l'Alsace et la Franche-Comté, était pour les Français le passage obligé et pour les Allemands le chemin de l'invasion. Pendant la première conquête de la Franche-Comté, pendant la guerre contre la Hollande et ses alliés d'Allemagne, Montbéliard fut de nouveau traversé, occupé, réquisitionné, malgré le ferme désir du comte Georges de rester neutre. Enfin Louis XIV s'avisa que ce petit pays pouvait lui être utile et la Chambre de réunion de Dole le lui accorda facilement. Le maréchal de Luxembourg s'empara de Montbéliard par surprise (1676) et, quand après une longue occupation, Louis XIV put prévoir qu'il lui faudrait rendre la ville, il la fit démanteler par Luxembourg. Ce fut une injustice et une faute contre laquelle Vauban s'éleva inutilement. Pendant toute la période d'occupation par la France, Louis XIV imposa aussi, autant que la prudence le permettait, sa politique religieuse de persécution contre les protestants. Il songea à faire démolir le temple St-Martin. Ce projet fut abandonné, mais les pasteurs et les églises protestantes furent soumises à toutes sortes de vexations malgré les traités qui auraient dû garantir le libre exercice de la religion du pays. Un curé fut imposé à une ville où il n'y avait pas un catholique, des processions furent faites par la ville, qui n'en avait pas vu depuis la réformation, et qui ne fut pas très réjouie de ce spectacle.

Enfin, la paix de Ryswick, imposée à Louis XIV par les ennemis divers que son ambition insatiable avait ligués contre lui, rendit Montbéliard au comte Georges (1698). Il rentra dans son comté après une absence de vingt-trois années passées par lui soit à Bâle, soit en Allemagne, dans la pauvreté et le dénuement. Georges ne jouit pas longtemps de son comté, il mourut la même année (1699).

Le comte Georges, dont la vie avait été ainsi traversée de tant de revers, était un caractère, mais il avait de singulières étrangetés.

Il était sérieux, grave, vraiment pieux. Il lisait assiduement la Bible. Il était de mœurs sévères. Et à côté de cela, il était défiant, soupçonneux. Qualités et défauts se heurtent en lui. Il avait des emportements redoutables. Il aimait la science. Il était fort cultivé lui-même, ce qui ne l'empêchait pas de dire : « Un prince appelé à régner n'a besoin de rien apprendre ; la Providence, en l'appelant au pouvoir, saura pourvoir à tout ce qui lui manque. » C'est ce beau principe qui lui avait fait complètement négliger l'éducation de son fils, Léopold-Eberard. Georges, à la fois sérieux et extravagant, avait épousé, non sans peine, en 1648, l'arrière-petite-fille du grand Coligny, Anne de Châtillon. Fille d'un père mou et faible, sœur de la belle comtesse de la Suze, dont les mœurs n'étaient pas — loin de là — au-dessus du soupçon, Anne de Coligny était plus extravagante encore et plus déséquilibrée que son mari. Elle était ardente, passionnée, jalouse ; si l'on en juge par son langage, son éducation avait été peu surveillée ; elle avait des expressions crues qui ne s'excusent pas toutes par la grossièreté du temps. Elle eût obéi sans cesse à toutes ses passions déchaînées, si elle n'avait trouvé un frein dans ses principes religieux. Son mari, tantôt usait de violences avec elle, tantôt l'exaspérait par ses sermons. Quelquefois il atteignait la conscience en faisant appel à ses sentiments pieux, et la paix se faisait dans le ménage. La pauvre femme mourut folle, léguant son mal à plusieurs de ses enfants.

PREMIÈRE LECTURE

LE COMTE GEORGES ET LE RÈGLEMENT

DE SA COUR

Le comte Georges tenait à peine depuis un mois les rênes du gouvernement, lorsqu'il publia pour les gens de sa cour un règlement qui contient des particularités curieuses. Après leur avoir recommandé de fréquents exercices religieux et la lecture de bons livres, il prescrit à ses domestiques mâles de ne point converser avec les filles; à celles-ci de fuir l'entretien des hommes et de *ne point écouter leurs sornettes ;* à son maître d'hôtel *de tenir sa serviette sous le bras* quand il annonce que la table *est* servie, et de *veiller* à ce que la prière se fasse avant et après les repas ; à toute sa domesticité haute et basse de porter honneur à son Altesse et à Madame, *et de leur faire à chaque rencontre quatre révérences à l'espagnole.* Les jurements et les mensonges sont sévèrement interdits, et dans sa pieuse sollicitude pour le salut de l'âme de ses pages, le prince recommande *qu'ils soient examinés à l'issue de chaque prêche, et que si quelqu'un d'eux n'a rien retenu, il soit envoyé auprès du ministre, pour être repris et demander pardon à la souveraine majesté de Dieu.*

DEUXIÈME LECTURE

COMMENT LE MARÉCHAL DE LUXEMBOURG

S'EST EMPARÉ DE MONTBÉLIARD (1676)

Le comte Georges avait d'abord voulu résister aux troupes de Louis XIV, mais ne trouvant pas beaucoup d'appui dans la population qui connaissait la faiblesse de la place et le manque de munitions, il se décida à entrer en négociation et se rendit en personne auprès du général français, espérant obtenir de meilleures conditions à cause de la parenté de la princesse, sa femme. Le maréchal avait été rejoint dès la veille par deux régiments d'infanterie, il avait du canon en batterie sur la hauteur des Coteaux, et il en devint plus pressant. Cependant, il fit au prince le meilleur accueil, évita de lui parler de la reddition de la place, en se bornant à l'entretenir de la princesse, sa cousine, et il le reconduisit avec ses officiers jusqu'à la porte du Grand-Pont. Chemin faisant, il donna l'ordre secrètement de faire avancer quelques compagnies de grenadiers, et fit signe aux officiers qui l'accompagnaient d'en désarmer la garde. Aussitôt les compagnies de grenadiers introduites s'emparèrent de toutes les portes et montèrent à la citadelle, dont la garnison fut désarmée. Le prince Georges, se voyant trahi, se retira dans le château dont le maréchal exigea l'entrée. Cette ruse, qui n'est pas d'un loyal soldat, assurait la possession de Montbéliard à Luxembourg.

TROISIÈME LECTURE

˙LES PROCÉDÉS DE LOUIS XIV A MONTBÉLIARD

Le lendemain de la prise de Montbéliard par Luxembourg, le comte Georges partit de la ville avec sa maison et se retira à Bâle. Toutes les troupes françaises furent distribuées tant dans la ville que dans le pays. Le régiment de Feuquières, composé de vingt-deux compagnies d'infanterie et de deux compagnies de cavalerie, furent logées et vécurent à discrétion chez les bourgeois, malgré qu'on eût promis de n'en rien faire. Dans les villages, on ruina les paysans en leur enlevant leurs bestiaux et leurs meubles. Quelques jours après l'entrée des français à Montbéliard, tous les canons du château, de la citadelle, des tours et de la ville furent conduits sur la place des Halles, aussi bien que toutes les minutions de guerre et les armes des bourgeois, et le tout fut transporté dans les places du roi, en Alsace et en Franche-Comté. Il y avait plus de cent pièces de canons bronzés appartenant au prince et plus de vingt à la ville. Les villes de Blamont et d'Héricourt furent également occupées par les Français et traitées de la même façon que Montbéliard. On démolit la citadelle, on voulut aussi faire sauter le château, on avait déjà commencé à le miner, mais on le laissa subsister pour y loger un commandant français et quelques compagnies de soldats. On enleva du château tout ce qu'il y avait de précieux, on vida la chambre des raretés, on prit les tableaux et même les serrures, ferrements, et les plombs des fenêtres. On viola les tombeaux des princes, on prit les cercueils d'étain et de plomb, sans respect pour les cendres ni pour les corps qui n'étaient pas encore consumés. En 1677, on eut de nouveau à Montbéliard et dans les campagnes des troupes qui vécurent à discrétion et qui obligèrent beaucoup de bourgeois et d'habitants à quitter le pays.

QUATRIÈME LECTURE

LE COLLÈGE OU L'ACADÉMIE DE MONTBÉLIARD

ET SA SUPPRESSION

Les cours furent ouverts en 1670 en présence du comte Georges, et le sieur Charles Rœmer, premier professeur en jurisprudence en fit l'inauguration. Les cours furent continués pendant sept ans et donnés par cinq professeurs : C'était, pour la théologie, F.-M. Barthol ; pour le droit et les sciences politiques, Ch. Rœmer ; pour la médecine, I.-N. Binninger ; pour le droit civil, B. Bischoff ; pour la philosophie, Pierre Béquillard.

On soutint quelques thèses et quelques luttes oratoires. Malheureusement ces travaux n'eurent qu'une durée éphémère. Le comte Georges était en instance auprès de la cour impériale de Vienne pour obtenir que le collège fut érigé en Académie, lorsque l'occupation de la ville par les troupes du maréchal de Luxembourg fit suspendre les démarches du prince et arrêta les cours. Les professeurs furent dispersés, et leur doyen, Barthol, d'abord emprisonné au fort de Joux pour son livre intitulé : l'*École sainte,* qu'il avait vu brûler en place publique, fut obligé de se retirer en Wurtemberg, où il termina ses jours. La prise de possession définitive des locaux universitaires eut lieu le 7 janvier 1699. Ce jour-là, vers les dix heures du matin, cinquante hommes environ, sous le commandement d'un aide-major, accompagné du curé de Mandeure et de quelques-uns de ses confrères, voulurent enfoncer les portes du collège où l'on tenait une école publique et où l'on avait fait l'exercice de la religion luthérienne depuis plus de vingt ans, en attendant que l'église du Faubourg put être achevée. Étant devant la porte, ils persuadèrent, tant par menaces que par crainte, un de ceux qui y étaient logés de venir leur parler, ce qu'ayant fait, ils s'en saisirent aussitôt et allèrent droit à l'église dont ils voulurent forcer les portes. Mais n'y ayant pas réussi, ils firent entrer un homme par une des fenêtres qu'il cassa, et alla ensuite ouvrir les portes. Aussitôt les soldats entrèrent pêle-mêle dans l'église et y mirent tout en désordre. Ils jetèrent les bancs et la chaire dehors avec la table de la Sainte-Cène, après avoir ôté le drap qui la couvrait dont ils firent des culottes par dérision ; et ce pendant que l'officier qui les commandait s'en retournait à la porte du collège pour y établir un corps de garde, les soldats forcèrent le tronc dont ils pillèrent l'argent et le brûlèrent ensuite. Aussitôt les curés dressèrent une petite table qu'ils avaient apportée et se mirent à chanter la messe. On fit sortir du Collège le ministre, le maître d'école et les autres qui y résidaient, et le curé de Mandeure, Julien Relange, fut installé curé de Montbéliard.

A partir de ce moment l'établissement fut perdu pour l'enseignement public ; et, malgré les protestations des princes à la nomination de chaque nouveau desservant, il resta affecté au culte catholique sans qu'il y eût d'ailleurs un seul paroissien dans la ville. Nos jeunes gens qui avaient un instant espéré pouvoir terminer leurs études à Montbéliard, reprirent le chemin des universités allemandes. Les étudiants en droit et en médecine allaient généralement à Bâle, quelquefois à Altorf; les étudiants en théologie allaient à Tubingue, où les princes avaient créé pour eux diverses fondations destinées à leur rendre moins onéreux le séjour dans cette ville.

Clément Duvernoy.

CINQUIÈME LECTURE

SOUFFRANCES DES PROTESTANTS PENDANT L'OCCUPATION DE LOUIS XIV (1684-1685)

A peine le gouverneur français, Beaulieu, fut-il arrivé à Montbéliard, qu'il se saisit de l'église de St-Mainbœuf pour y célébrer la messe. En 1684, les dîmes ecclésiastiques des villages de Désandans, Semondans, Laire, Bians et Liebvillers furent usurpées au profit des curés voisins et, le 4 mai de la même année, le Parlement accorda aux catholiques de Tavel l'usage exclusif de l'église qui, jusqu'alors, avait servi aux deux cultes. Les protestants, réduits à s'assembler dans une maison particulière, ne furent pas moins obligés de pourvoir à l'entretien et aux ornements de l'église, et de fournir une habitation à l'instituteur catholique.

Au commencement de 1685, F.-M. Barthol, l'un des ministres de Montbéliard, accusé d'avoir prêché contre les dogmes de l'église dominante, fut saisi par ordre du commandant français et traîné au fort de Joux, près de Pontarlier, où il demeura pendant un mois. S'étant trouvé, au sortir de prison, en butte à de nouvelles poursuites au sujet de la seconde édition de son livre intitulé l'*École sainte,* qui fut brûlé publiquement par la main du bourreau, Barthol abandonna sa patrie et devint professeur au gymnase et pasteur de l'église française de Stuttgart. Ses paroissiens ressentirent vivement la perte de ce pieux et savant ecclésiastique, mort en 1697.

Le 5 juillet de la même année 1685, eut lieu à Montbéliard la première procession catholique qu'on ait vue depuis la réforme. Cependant il est vrai de dire qu'alors les protestants du comté et des seigneuries n'eurent point à souffrir des persécutions du genre de celles qui étaient dirigées contre leurs frères de l'intérieur de la France. Ils ne se virent point privés de leurs droits civils, ni contraints, par la violence et les menaces des supplices, à changer de religion. Mais on eut recours aux moyens persuasifs, à la corruption, etc., pour leur faire abjurer leur foi. L'intendant de Franche-Comté défendit d'élever dans le *luthérianisme* les enfants de quatorze ans et au dessous, qui seraient issus de mariages mixtes, et dont les mères, professant le culte romain, vivraient encore. Il enjoignit au magistrat de Montbéliard et à toutes les autorités locales, d'exempter des impositions et autres charges les nouveaux convertis. Toutefois, ces diverses mesures, jointes au zèle fougueux des missionnaires catholiques envoyés dans les communes rurales, n'opérèrent que de rares changements de religion.

Précis de la Réformation.

SIXIÈME LECTURE

LES FORGES D'AUDINCOURT

Les forges d'Audincourt ont eu de faibles commencements. Ce n'était d'abord qu'un moulin à égruger, qui fut établi vers l'année 1616 par Paul Payer, de Schaffouse, fermier de la forge de Chagey, qui appartenait au domaine du prince de Montbéliard. Trois ans après, il ajouta une fonderie (haut-fourneau) à cette première construction, puis des feux de forge. La propriété de l'établissement passa en différentes mains, le domaine l'acquit, en 1628, du vice-chancelier de Lœfler, pour la somme de 7,700 florins, et l'afferma immédiatement; les premiers produits des baux s'élevèrent de sept à dix mille francs. En avril 1633, il fut réduit en cendres par l'armée du duc de Lorraine, et ne se releva de ses ruines que vers la fin de la guerre. Lorsqu'en 1650 le calme et la sécurité furent complétement rétablis, il commença à prendre un essor important. Les sieurs Barbaud, Jacquin, Chemilleret, successivement fermiers de cette usine, l'améliorèrent à l'envi, sans négliger les bénéfices que leur offraient les conditions avantageuses de leurs amodiations.

Ces bénéfices permirent à Étienne Barbaud d'acquérir la baronnie de Florimont, en Alsace, dont il prit dès lors le titre. Il était originaire d'Héricourt.

En effet, toutes les mines du comté de Montbéliard leur avaient été concédées gratuitement, et plusieurs mille toises de bois, provenant des forêts domaniales, leur étaient accordées chaque année, à un taux fort au dessous du prix ordinaire. En 1670, on forgea à Audincourt 663,450 livres de fer, qui, pour la plus grande partie, fut exporté en Suisse et en Franche-Comté. Onze ans après, le prix du bail s'élevait à 13,000 francs.

Les deux forges de Chagey et d'Audincourt étaient louées ensemble 25,000 francs. A cette époque les deux usines fabriquaient 1,232 milliers de fer par an, dont 100 milliers à peu près pour la consommation du pays ; le reste se vendait surtout à la foire de Zurzach. Le prix était dans le pays de 8 livres, 5 le quintal, 7 livres aux marchands. Les ouvriers touchaient de 2 livres 8 sols à 3 livres 4 sols par semaine, les chefs fondeurs 4 livres.

Peu de temps après la paix de Ryswick, qui ramena le duc Georges dans ses états, Léopold-Eberard, son fils et son successeur, dépensa de grosses sommes pour rétablir l'usine et les bâtiments dans un état convenable. Il la mit en régie, et son exemple fut suivi par ses successeurs pendant presque tout le xviii° siècle. En 1737, on eut le projet d'y annexer une manufacture de fer blanc, mais ce nouvel œuvre ne fut exécuté que vingt-sept ans après, en 1764. On vit alors réunis dans la même enceinte un haut-fourneau, quatre feux de forge, une platinerie avec son martinet, un autre martinet pour le petit fer, une ferblanterie, un lavoir à mine, des halles à charbon, de vastes magasins, assez d'habitations pour cinquante familles, et un logement commode, avec toutes les dépendances nécessaires pour le Directeur.

Antoine Bregentzer, directeur de la forge, qui était tout à la fois un habile industriel et un agronome éclairé, introduisit, en 1739, la culture de l'esparcette dans le pays de Montbéliard. En 1787, le bail renouvelé pour l'usine d'Audincourt et celle de Chagey, donnait un produit de 36,000 livres tournois. Toutes deux ont été aliénées par le gouvernement français en 1797. En 1797, M. Meiner exploita les forges d'Audincourt jusqu'au moment où M. Rochet les acheta. C'est lui qui fit construire l'écluse. En 1808, M. Rochet fut forcé, par l'état de ses affaires, de prendre trois associés, MM. Saglio, Human et Gast, qui devinrent propriétaires en 1809, à l'exclusion de M. Rochet. M. Gast fut le directeur des établissements. En 1824, la Société collective Saglio, Human, Gast, a été transformée en société anonyme dont les affaires ont été dirigées successivement par MM. Jeanmaire, Boulard, Strohl, Reverchon et C. Saglio.

CHAPITRE XVIII

Hommes utiles au XVIIe siècle.

Le médecin Jean-Nicolas Binninger.

J.-N. Binninger est né à Montbéliard le 23 août 1628. Son père Léonard et son grand-père Gerson Binninger avaient été trésoriers du prince. Le bisaïeul de Jean-Nicolas-Léonard Binninger était venu s'établir à Montbéliard pendant la minorité du comte Frédéric. Il fut secrétaire de ses commandements, il mourut en 1587 après avoir été anobli par Maximilien II.

Jean-Nicolas fréquenta d'abord les écoles de Montbéliard alors sous la direction du recteur Pierre Tuefferd, auteur d'une topographie du pays. Il fit ensuite ses études de médecine à Bâle de 1647 à 1650. Il les continua à Padoue où il resta six mois, puis il visita l'Italie, Naples et le Vésuve dont il a donné une description, Rome, la Toscane, Florence. Ce qui le frappa le plus dans cette ville c'est un clou de fer dont la moitié avait été changée en or par un fameux alchimiste. Comme il croyait à la transmutation des métaux, ce phénomène ne l'étonna pas trop. D'Italie il se rendit à Montpellier où il suivit les cours des plus célèbres professeurs. En 1652, il prit à Bâle son grade de docteur en médecine et vint de là exercer son art dans sa ville natale, qu'il quitta en 1656 pour s'établir à Bienne. Devenu en 1657 médecin de l'abbé et de l'abbaye de Bellelay, il quitta ce nouveau poste l'année suivante pour revenir à Montbéliard en 1659, appelé par le duc Léopold-Frédéric. A la mort de ce dernier, il resta au service du comte Georges qui le nomma en 1670 professeur au collège qu'il venait d'ouvrir. C'est à cette époque qu'il publia en latin son Recueil d'observations sur l'art de guérir. Binninger était trop de son temps pour douter de l'existence des sorciers, de celle des démoniaques, mais à l'occasion il savait découvrir la fourberie qu'il y avait au fond des prétendues possessions. C'est ainsi qu'il raconte lui-même le fait suivant : « Une femme suisse, venue à Montbéliard au mois de janvier 1670, parcourait la ville avec des hurlements affreux, qu'elle accompagnait de toutes sortes de gestes et de contorsions. Conduite à l'hôpital où je fus appelé, je la trouvai assise près du foyer tenant un bâton à la main; elle était entourée d'une foule de curieux. Sur ma question : Si elle était la personne qui se disait possédée, elle répondit affirmativement et se leva pour me saluer. — A quels indices, lui fis-je alors, reconnaissez-vous l'état dans lequel vous dites être ? — *Mon mal m'a été donné dans une tasse de lait.* — Ce n'est point ce que je vous demande, répliquai-je ; comment savez-vous que vous êtes possédée ? Sa réponse fut encore la même. Je voulus savoir le nom du diable qui habitait son corps ; celui qu'elle dit était ridicule. — Parle-t-il des langues étrangères ? — *Toutes.* — Prononcez quelques mots. Elle en articula plusieurs qui n'avaient aucun sens. — Le démon qui vous possède, ajoutai-je, et qui sait tout, pourra-t-il dire qui je suis ? — Sans doute, et me considérant : *Vous êtes*, reprit-elle, M. le pasteur, qui, par la prédication de la Parole de Dieu, conduisez les âmes dans le chemin du salut. — Tu en as menti, m'écriai-je avec vivacité et ton diable n'est qu'un âne ! Puis, en lui arrachant son bâton : Je vais, continuai-je, te délivrer promptement. Qu'on la jette à l'instant dans un cachot et qu'on la nourrisse au pain et à l'eau ! A l'ouïe de ces menaces, et surtout à la vue du bâton que je tenais levé sur elle, l'exorcisme fut opéré, l'esprit malin et celle qu'il tourmentait s'enfuirent à toutes jambes et ils courent encore. »

J.-N. Binninger mourut à Montbéliard le
17 octobre 1692, regretté de tout le monde et
très estimé comme médecin.

Jean Flamand.

Jean Flamand, fils de Claude Flamand, né
en 1597, fut, de 1623 à 1625, ingénieur et
castramétateur à l'armée des provinces unies
des Pays-Bas, et il a rédigé un travail manuscrit
intitulé : *La manière de camper selon l'ordre et
pratique de feu l'illustre prince Maurice de
Nassau.* Il vint ensuite se fixer à Montbéliard,
dont il fut reçu bourgeois en 1630, à la considération des services qu'il avait rendus à la
ville. Il avait en effet réparé habilement les
ouvrages de défense des places de Montbéliard,
Héricourt et Blamont. Il construisit de même
plusieurs ouvrages de fortifications en Wurtemberg. Il mourut en 1634 victime d'un
empoisonnement.

La famille Flamand est originaire de Savoyeux.
Elle s'était réfugiée à Montbéliard pour
échapper aux persécutions religieuses.

Le chevalier Christophe de Forstner.

Christophe de Forstner fut un des plus
grands hommes d'État du dix-septième siècle.

Né en Autriche en 1598, il avait dû quitter sa patrie où les protestants étaient persécutés. Après de longues études faites à Tubingue, à Padoue, et des voyages fructueux en Italie, en France, il entra en 1631 au service de la Maison de Wurtemberg-Montbéliard, dont les brillantes propositions qui lui furent faites ne purent le détacher. Placé à la tête des affaires dans la période néfaste de la guerre de trente ans, ayant à lutter contre les désastres nés de la guerre, de la peste et de la famine, il sut rester à la hauteur des circonstances. Il était sans cesse en chemin, allant de Paris aux camps suédois, plaidant pour son prince, implorant pour son peuple. Il fut des négociateurs les plus remarqués des traités de Westphalie. Ses écrits politiques augmentèrent encore sa réputation. Il était en relations épistolaires avec les hommes les plus considérables de son temps, Pereisc, Grotius, Naudé, Puffendorf. Il avait reçu en récompense de ses services le fief de Dambenois. Il mourut à Montbéliard en 1668. Ses contemporains le tenaient pour « l'un des plus doctes et des meilleurs jurisconsultes du siècle ». Sa vie a été écrite plusieurs fois.

Les Forstner habitaient à Montbéliard la maison de style Renaissance qui se trouve sur la place St-Martin.

LECTURE

LE MOBILIER AU XVIIe SIÈCLE

A cette époque le luxe n'avait point encore envahi les appartements. Des escabelles et sièges à dossier en bois, une chaise à bras garnie d'un coussin de bourre, un large *buffet* à trois ou quatre portes, quelquefois orné de sculptures grossières, un haut *garderobe,* des bahuts ferrés, un *arche-banc* ou *bouttepain*, des tables, un lit démesurément vaste, surmonté d'un baldaquin d'où descendaient d'amples rideaux en serge, garnis de franges ou de galons, quelques couchettes, un petit *metterot* à deux étages, supportant les livres destinés à l'édification journalière, tel était à peu près tout ce qui composait le mobilier d'une famille. Les images des aïeux, non moins rembrunies que les cadres qui entouraient ces peintures; des traits de l'Histoire Sainte dans des encadrements aussi modestes que les gravures mêmes; enfin, une glace ovale ou carrée avec un pourtour en verre étamé, variaient dans les appartements l'uniformité des murs blanchis à la chaux, lorsqu'ils n'étaient pas tendus d'une tapisserie en laine à grands ramages; rarement on trouvait des cheminées; les poëles en fonte ou en briques vernissées les remplaçaient avec avantage; enfin les chambres étaient éclairées par des jours de hauteur souvent inégales, et distribués sans symétrie, dont les vitres en losange ne laissent arriver qu'une lumière douteuse, les plafonds traversés par des poutres à peine dégrossies, étaient barbouillés de diverses couleurs; un escalier en escargot pratiqué dans la *viorbe* conduisait aux différents étages. C'est ainsi qu'on nommait la tourelle adossée à la maison, qui en formait le supplément obligé, et dont un bourgeois de Montbéliard était aussi jaloux que de la jouissance de ses franchises.

C. D.

CHAPITRE XIX

Les derniers princes.

Un prince invraisemblable, le duc Léopold-Eberhard (1699-1723); Eberhard-Louis (1723-1733); Charles-Alexandre (1733-1737); Charles-Eugène (1737-17); le Stathouder de Montbéliard, Frédéric-Eugène (1786-1793).

Léopold-Eberhard est le plus mauvais des princes qui ont régné sur notre pays. Il était sûrement un peu fou. Son père était étrange, sa mère est morte folle : il eut quelque chose de ce triste héritage. Il avait eu une jeunesse dissipée et, à Montbéliard, il donna pendant plus de vingt ans, le spectacle d'une vie éhontée. Il avait épousé une demoiselle Hedwiger, que l'empereur avait bien voulu faire comtesse de Sponeck. Il en eut quatre enfants. Mais, comme dit l'historien Ch. Duvernoy, d'autres femmes non moins belles mais plus coquettes et plus rusées, surent à leur tour l'enlacer dans leurs rets et l'y retenir captif. Il en eut un grand nombre d'enfants illégitimes et sa principale préoccupation était de les établir et de les doter. Il avait besoin de beaucoup de ressources pour faire face à ses dépenses avouées ou inavouables. Pour s'en procurer, il pilla la recette ecclésiastique destinée à entretenir les pasteurs et les écoles. Il publia aussi une loi de deshérence par laquelle il s'attribuait les biens vacants. En 1710, il ordonna aux habitants de Montbéliard de présenter les titres de propriété de leurs immeubles, sous peine d'amendes et de confiscations. Les biens de ceux qui ne pouvaient produire ces titres devaient être confisqués au profit du prince. Cette mesure, étendue plus tard à tout le pays, produisit d'odieuses expropriations qui agrandirent d'une manière considérable le domaine du prince.

Pour assurer l'application de ces mesures, Léopold-Eberhard avait confié les hautes charges civiles à des hommes de rien. Pour n'être pas gêné par les pasteurs, il en fit de même des hautes charges ecclésiastiques. Le surintendant Gropp et le surintendant Bockshammer allèrent jusqu'à falsifier les registres de leur église pour favoriser les prétentions de ses bâtards.

Il n'est pas étonnant qu'un pareil prince ait été toute sa vie en conflit avec ses sujets. Dès le début de son règne, il avait dû recourir à un véritable coup d'état pour imposer silence aux protestations de ses bourgeois de Montbéliard. L'État, l'Église et les particuliers eurent également à souffrir du règne de ce mauvais prince. Par comble de malheur, les prétentions de Louis XIV sur les seigneuries ne faisaient que grandir et les habitants protestants y étaient constamment molestés.

Pendant tout son règne, Léopold-Eberhard n'eut qu'une bonne idée : celle d'accueillir dans ses fermes les anabaptistes chassés du canton de Berne. Ils introduisirent dans les fermes du prince et dans tout le pays de meilleurs procédés de culture.

Léopold-Eberhard mourut en 1723. Il avait lui-même cédé en 1717 son comté à son cousin Eberhard-Louis, duc de Wurtemberg, en échange d'une pension. Cependant son entourage et ses enfants essayèrent de retenir à eux la principauté et le duc Eberhard-Louis se vit obligé de faire bloquer le château. Après un mois de résistance, pendant lequel il y eut des morts et des blessés, la famille de Léopold-Eberhard capitula. Elle sortit du château avec plusieurs chariots contenant ce qu'elle put emporter de plus précieux et se retira en France, où ses divers membres ne tardèrent pas à passer au catholicisme. Eberhard-Louis vint recevoir le serment de fidélité de ses sujets en juillet 1723. Il usa de clémence envers les conseillers du prince, complices de ses malversations, et une période de relèvement commença. Le nouveau prince, bien que prodigue et viveur, valait mieux, en somme, que Léopold-Eberhard et, surtout, il était mieux entouré. Il confia le gouvernement à des hommes honorables et on se mit à rétablir l'ordre partout. L'ordonnance de 1724 contribua efficacement au relèvement de l'Église et des écoles que le prince défunt avait laissé tomber.

Eberhard-Louis mourut en 1733 sans héritiers. Son frère Charles-Alexandre, général au service de l'Autriche, s'était fait catholique. Appelé contre toute attente à succéder à son frère, il reprit sa tradition détestable de fêtes et de folles dépenses. Le juif Süss fut le pourvoyeur de ses dépenses. Charles-Alexandre, malgré les engagements solennels qu'il avait pris, songeait à faire rentrer son peuple par la force dans le giron de l'Église. Tout était prêt. Un soir, il quitte en secret sa résidence de Stuttgard et va passer la nuit à Louisbourg, pensant partir le lendemain pour ouvrir son pays à une armée catholique, mais, dans la nuit, il meurt subitement comme arrêté par la main de Dieu. Il laissait trois fils : Charles-Eugène, Louis-Eugène et Frédéric-Eugène. Charles-Eugène, son fils aîné, continua la tradition paternelle. Il se débarrassa de ses conseillers gênants pour se mettre entre les mains d'un homme sans scrupules, le comte de Montmartin. Les bals, concerts, feux d'artifice, se succédaient de semaine en semaine. Aucun conseil de la sagesse ne pouvait atteindre le duc. La liberté des mœurs était telle que la princesse dût quitter la Cour. Cela dura jusqu'à sa mort, en 1793. Heureusement, le Wurtemberg est loin de Montbéliard et le règne de ces princes n'eut que peu d'influence sur les destinées de notre pays. On commençait seulement à s'inquiéter au sujet de Charles-Alexandre quand il mourut. Son frère prit plutôt en mains les intérêts du comté de Montbéliard et des seigneuries, dont les habitants étaient toujours tracassés par la politique catholicisante des rois de France. C'était chaque année, chaque mois, des usurpations nouvelles. Les églises étaient prises l'une après l'autre aux protestants et aucune réclamation n'était écoutée. Au milieu de tous ces tracas, ce fut un évènement heureux que l'arrivée à Montbéliard du meilleur des fils de Charles-Alexandre, Frédéric-Eugène. Il vint d'abord en 1769 comme simple particulier.

En 1786, son frère Charles-Eugène le nomma stathouder à vie et dès ce moment Frédéric-Eugène prit la direction des affaires.

Il vivait entre Montbéliard et Etupes où il s'était bâti, en 1770, une résidence d'été. En 1786, Frédéric-Eugène était, en Europe, une manière de personnage. Il avait épousé lui-même une nièce de Frédéric II. Sa fille, Dorothée, avait épousé le grand-duc Paul, héritier de l'empire des Tsars ; sa fille, Élisabeth, avait épousé l'archiduc François, depuis empereur d'Autriche. Le château de Montbéliard, celui d'Étupes, virent souvent paraître les personnages les plus considérables de l'époque, l'empereur Joseph II, le prince Henri de Prusse, frère de Frédéric II, la princesse de Bourbon. La Harpe, Raynal, Florian, Saint-Martin, Lavater, y furent reçus tour à tour.

Le prince Frédéric-Eugène était catholique de nom, Voltairien de fait ; il avait été un peu volage, mais pas à la façon d'Eberhard-Louis ou de Charles-Eugène. Sa femme était protestante et pas seulement de nom. Elle était cultivée, charitable, bonne. Elle avait mis la cour sur un pied fort respectable. On jouait parfois à Etupes, mais quand un membre du cercle avait perdu dix livres, le prince disait que le jeu était « exaspéré ». Il y avait un théâtre à

Étupes, mais il ne vit jamais les spectacles galants de la cour de Louis XVI.

On peut juger des dispositions générales de la cour de Montbéliard par les *Mémoires* de l'amie intime de la maison, la baronne d'Oberkirch. C'était un esprit ferme et sain, de cette fermeté gracieuse qui évoque l'idée de la santé morale. Elle restait pieuse et pure, tout en frôlant sans cesse, dans sa vie mondaine, l'athéisme et l'intrigue. Elle n'aime pas beaucoup Voltaire « friand d'honneurs, avide d'étiquette ». Raynal l'assomme de ses dissertations et de son accent de Pèzenas. La baronne est de son temps, certes, mais, touchée par le courant, elle y résiste et garde assez de liberté d'esprit pour juger son époque : « La fin de ce siècle si incrédule est marquée de ce caractère incroyable d'amour du merveilleux, je dirai de superstition si je n'en étais moi-même imbue, quoique malgré moi, ce qui dénote assurément une société en décadence. Il est certain que jamais les rose-croix, les adeptes, les prophètes et tout ce qui s'y rapporte, ne furent aussi nombreux et aussi écoutés. »

Sous cette société en décadence, il y en avait une autre, à la fois violente et sentimentale, éprise de justice et de liberté, qui allait faire cette grande Révolution que tant d'années de violence, d'injustice et d'oppression avaient rendue inévitable.

PREMIÈRE LECTURE

UN COUP D'ÉTAT A MONTBÉLIARD (1705-1709)

A court d'argent pour faire face aux dépenses de tout genre qu'occasionnaient ses trois ménages et sa vie dissipée, Léopold-Eberhard, après avoir obtenu de la ville d'importantes sommes sous forme de dons gratuits, avait fini par essuyer un refus net et catégorique en avril 1704. Au mois d'août suivant, il fit signifier, par les conseillers Prudent, Perdrix et Nardin, aux trois corps de la bourgeoisie, la défense de s'assembler sans sa permission. Cette atteinte brutale aux franchises dont la ville jouissait depuis près de quatre siècles, motiva une protestation énergique et le magistrat saisit cette occasion pour se plaindre de plusieurs innovations également contraires à ses droits. Dans la requête qui fut *escripte et dressée, soussignée des trois corps pour lui estre donnée en mains propres avec l'humilité et révérence requises,* ils énumèrent onze griefs principaux portant sur l'introduction du papier timbré, l'augmentation des droits des lods et d'ouverture du testament, l'occupation par le prince (pour l'agrandissement du grand jardin) de terrains communaux et même de propriétés particulières, etc., etc. Ce mémoire n'ayant pas abouti, la bourgeoisie prit le parti de faire signifier au Conseil un acte d'appel par devant la Chambre impériale de Wetzlar, et fit venir à cet effet à Montbéliard un notaire de Bâle que Léopold-Eberhard fit arrêter à l'hôtel de ville même. Cet acte de violence exaspéra la population, l'escorte qui venait de s'emparer du notaire fut attaquée et dispersée par les bourgeois, le notaire repris et ramené à l'hôtel de ville, d'où on le fit partir en sûreté. Ceci se passait le 10 novembre 1705. L'émeute ou plutôt la résistance à l'arbitraire, avait pris, dans la journée, un caractère tel que Léopold-Eberhard dut renoncer à la comprimer avec ses seules forces. Le lendemain la ville avait repris sa physionomie accoutumée ; le prince et la bourgeoisie se boudaient, mais l'appel à l'empereur suivait sa marche ; il fut reçu à Wetzlar et la connaissance du procès fut renvoyée au conseil aulique de Vienne, où le duc de Wurtemberg-Stuttgard, Eberhard-Louis, intervint dans l'intérêt de la bourgeoisie.

Pendant ce temps, Léopold-Eberhard s'adressa à la cour de France pour lui demander un appui. Ses envoyés, Prudent et Schmidt, obtinrent par la protection de Mme de Maintenon et, dit-on, sans que le roi en fut instruit, l'envoi de six régiments de cavalerie française, qui arrivèrent à Montbéliard du 27 avril au 2 mai 1706. Fort de ce secours étranger, et avec l'aide de nombreux paysans, Léopold-Eberhard fait occuper militairement la place St-Martin, cerner l'hôtel de ville, dans lequel le procureur général Brisechoux entre de force le 28 avril et en fait enlever tous les papiers importants, les armes et la vieille bannière de la ville. On arrête en même temps le maître bourgeois en chef Léonard Fallot et son conforteur Jacques Berdot, celui-ci maître bourgeois en chef de l'année précédente et le promoteur de l'appel à la cour impériale. Le Conseil de régence du duc prononce en même temps une sentence par laquelle la bourgeoisie est déclarée déchue de ses franchises et condamnée à une amende de 5.000 écus d'or et les membres du magistrat déclarés indignes d'exercer à l'avenir aucune fonction.

Le 1er mai suivant, le même corps condamne Jacques Berdot à avoir la tête tranchée en place publique comme chef de la sédition du 10 novembre 1705, Léonard Fallot à une amende de 5.000 L., Jean Flamand cordonnier, à 25 coups de verge de la main du bourreau et au bannissement perpétuel, Jérémie Faillard, tailleur, au bannissement, Adam Monnin, cordonnier, à deux heures de carcan et au bannissement perpétuel, Marc Lièvre, tisserand, Marc-David Prongey, marchand et Jean-Frédéric Rayot, tailleur, chacun à un mois de prison, et tous solidairement à 300 fr. d'amende chacun. Ce coup de rigueur et d'audace, sans précédent à Montbéliard, jeta toute la population dans une épouvante impossible à décrire, et c'est sous le coup de cette terreur que les débris des trois corps rédigèrent le lendemain un acte d'une indigne lâcheté, qui fut présenté à Léopold-Eberhard.

Les bourgeois s'y reconnaissent indignes de leurs franchises, se soumettent à indemniser le duc des frais que lui a occasionnés leur *noire ingratitude*, et déclarant renoncer à leur appel à la cour impériale, offrent à Léopold-Eberhard de lui accorder, en outre de ses usurpations déjà consommées, un droit sur les chevaux, mulets et ânes, et finissent par implorer de S. A. S. la grâce du *criminel Berdot*.

La contenance de celui-ci fait heureusement contraste avec cet abaissement. Fort de son droit et de la conscience d'un devoir noblement rempli, il se refuse à toute demande et à toute démarche, et le lendemain, 3 mai, il fut conduit sur la place des Halles, où le bourreau l'attendait, la hache à la main, près de l'échafaud tout dressé. Léopold-Eberhard ne demandait qu'un mot du condamné pour lui laisser la vie, mais ce mot ne vint pas, Berdot tint bon et ce fut le tyran qui fut contraint de reculer; le procureur général vint arrêter le bourreau et annonça à Berdot que la peine de mort était commuée en une détention perpétuelle. Un mois après, sa maison lui fut donnée pour prison. Il en fut agi de même à l'égard des autres bourgeois condamnés au bannissement.

Luc WETZEL.

DEUXIÈME LECTURE

LES INSTITUTEURS A MONTBÉLIARD
AU XVIIIe SIÈCLE

La situation des instituteurs devint alors plus stable et plus convenable. Il leur était interdit de vendre du vin, de remplir les fonctions de garde-champêtre et de faire la police; la femme ne pouvait plus débarbouiller ses enfants dans la classe pendant sa durée. Ils devaient, sous peine d'être congédiés, tenir l'école en hiver pendant six heures et en été pendant quatre heures par jour. Ils ne pouvaient s'absenter sans le consentement du pasteur; d'autre part, ils cessaient d'être à la merci du maire et du conseil communal. Ainsi, tandis que dans les temps anciens c'était le maire qui, réuni sous le tillot aux notables de l'endroit, choisissait parmi les postulants, et louait pour l'hiver celui qui était le mieux à leur convenance ou le renvoyait à volonté ; à partir des nouvelles ordonnances, il fut défendu d'établir des régents d'école sans la participation du surintendant et du pasteur de la commune qui, après examen des certificats de capacité et de bonne conduite, devaient faire agréer le candidat par le Conseil ecclésiastique; et ils ne purent être renvoyés ou changés que pour fautes graves, après enquête sérieuse et par décision du même Conseil.

Sous l'influence de la Réforme, tout avait pris le caractère de ferveur religieuse et les ordonnances des princes confondaient sans cesse l'instruction publique avec la religion. Les deux choses étaient soumises au même règlement, et c'étaient les mêmes hommes qui veillaient à l'une comme à l'autre. Y avait-il à cette situation de graves inconvénients et un danger quelconque? Je remarque plutôt le progrès considérable qui s'était accompli et le zèle infiniment louable qui se manifesta chez tous pour l'amélioration de l'enseignement. La France mit encore deux siècles à réclamer l'instruction obligatoire. Il est vrai aussi que le sentiment de liberté morale existant dès lors chez les habitants de la principauté et tout d'abord chez les pasteurs, réduisaient à néant les inconvénients qui pouvaient résulter de cette constante subordination aux corps ecclésiastiques. Les pasteurs, pères de famille comme chacun, ayant les mêmes intérêts et soumis absolument aux mêmes obligations que les laïques, ne pouvaient être à redouter d'aucune façon. Il n'y avait entre eux ni esprit de corps exclusif, ni esprit sacerdotal égoïste ou fanatique, encore qu'il y eût peut-être quelque chose d'absolu dans leurs doctrines. C'était d'ailleurs chez eux évidemment que se trouvait l'instruction la plus solide.

Clément Duvernoy.

TROISIÈME LECTURE

L'ESPRIT RELIGIEUX AU XVIIIe SIÈCLE

Dans certaines familles, l'esprit religieux s'était maintenu strict et austère comme au temps de la Réforme. Chaque matin et chaque soir, la prière se faisait en commun, en présence de tout le personnel de la maison. Un des enfants lisait un chapitre de la Bible que le père faisait suivre d'un rapide commentaire et de réflexions pieuses. Les classes commençaient et se terminaient toujours par la prière. Chaque repas était précédé et suivi d'une invocation, et plusieurs de ces usages se sont perpétués jusqu'à nos jours. On suivait généralement le culte avec exactitude. Voici le commencement de la prière que l'on récitait soir et matin quand on sonnait la cloche. Elle est du surintendant J.-J. Duvernoy.

Seigneur, tu nous apprends par le son de la cloche
Que le jour (la nuit) est passé et que la nuit (le jour) s'ap-
[proche.
C'est autant d'écoulé du nombre de nos jours,
Incertains quand la mort en doit finir le cours.
Je sais, grand Dieu, que c'est à ta seule clémence
Que jusqu'à ce moment je dois ma subsistance ;
Je rends de tout mon cœur grâce à ta bonté
Qui me fait tant de bien, sans l'avoir mérité.
Pardonne-moi, mon Dieu, ce grand nombre d'offenses
Commises aujourd'hui contre tes ordonnances ;
Fais que de jour en jour un juste amendement
Me porte à mieux garder tes saints commandements...

QUATRIÈME LECTURE

ÉPREUVES DES PROTESTANTS AU XVIIIᵉ SIÈCLE
L'ÉMEUTE DE CHAGEY (1740)

Pendant tout le XVIIIᵉ siècle, les Seigneuries eurent à souffrir des contre-coups de la politique anti-protestante des rois de France. En 1700, les catholiques s'emparent à main armée du chœur de l'église de Voujaucourt. Le 26 mai de la même année, ils s'emparent des églises d'Héricourt et de Montécheroux.

Le 9 octobre 1711, le curé de Dampierre-sur-le-Doubs fait élever une croix à trente pas au-delà du pont de Voujaucourt, sur le territoire même de Montbéliard.

En 1713, les ministres des Seigneuries sont obligés de modifier leurs formulaires liturgiques et de prier pour S. M. Très-chrétienne qui les persécutait.

En 1715, le Parlement de Besançon casse, dans les Seigneuries, les officiers de justice, les notaires et procureurs postulants de la religion protestante pour les remplacer par des catholiques romains. On interdit aux protestants la sonnerie des cloches, on leur défend de travailler les jours de fête de l'église romaine.

En 1716, l'Intendant de Besançon prive les bourgeois de Blamont du droit qu'ils avaient d'élire leurs quatre maîtres-bourgeois protestants.

En 1717, l'archevêque de Besançon interdit aux habitants de Lougres le chœur de leur église et leur ordonne de fournir les gages du maître d'école catholique.

En 1726, le « recteur » de l'école de Blussanjeaux, nommé Vaugier, est emprisonné à Baume pour le simple exercice de la religion luthérienne.

Toutes ces tracasseries convergent au même but, l'extinction de l'hérésie dans les quatre Seigneuries protestantes.

Un des moyens employés par l'Intendant de Franche-Comté pour ramener au catholicisme les protestants des Seigneuries était, à chaque décès d'un pasteur, de le remplacer par un curé, n'y eût-il qu'une famille catholique dans le village.

En 1739, par exemple, le ministre de Chagey, Samuel Méquillet, étant mort, il fut remplacé par le ministre Morel. Mais cette nomination ne fut pas confirmée par la France, qui nomma à sa place un curé catholique. L'agitation que cette mesure provoqua dans le village, fit recourir à la force armée pour l'installation du curé. « Le 27 août 1740, dit un récit contemporain, un détachement de grenadiers du régiment de Picardie se présenta à Chagey avec M. Godard, bailli d'Héricourt. Quelques paroissiens qui se trouvaient sur la place publique demandèrent les ordres du roi, déclarant qu'ils s'y soumettraient avec le respect qu'on doit aux puissances établies par Dieu. On leur répond que les ordres étaient au bout du fusil, et incontinent l'on fit feu sur ces pauvres gens. Cinq d'entre eux tombèrent roides morts sur la place et il y eut quinze blessés. »

Les détails de ce triste épisode nous sont connus depuis peu par un récit de source catholique d'après lequel le détachement français, venu pour installer à Chagey le curé Briot, d'Héricourt, trouva un grand nombre d'hommes et de femmes rassemblés autour de l'église et du cimetière. On leur demanda ce qu'ils pensaient faire et ils répondirent « qu'ils étaient déterminés à perdre la vie pour la défense de leur Église ». Décidé à exécuter les ordres reçus, le chef du détachement fit tirer sur ces braves gens qui ne voulaient pas perdre l'Église de leurs pères. Les grenadiers tirèrent vingt-six coups de fusil. Vingt-et-un protestants furent blessés et cinq tués sur place. Les femmes n'étaient pas moins ardentes que leurs maris. L'une d'elles, percée de part en part d'un coup de fusil qu'elle avait reçu au-dessus du sein gauche, perdant son sang par la poitrine et par l'épaule, pensait encore assaillir les grenadiers. Ils l'auraient achevée sans leur capitaine, qui la fit conduire chez elle, où elle expira trois heures après. La prise de l'église de Chagey coûta la vie à vingt-et-une personnes. Le lendemain, qui était un dimanche, l'église fut réhabilitée et « le saint sacrifice de la messe » put y être célébré.

Un mois plus tard, ce fut le tour des églises de Seloncourt et de Bondeval, enlevées aux protestants le 28 septembre 1740. Intimidés par le sang versé à Chagey, les protestants de ces deux villages ne firent aucune résistance. L'année suivante, le 30 novembre 1741, les protestants de Lougres et de Longevelle virent leurs églises passer aux catholiques. En 1744, les protestants de Blamont ayant essayé de faire quelques réparations dans la maison où ils se réunissaient, défense leur fut faite de célébrer leur culte dans leur maison ; ils durent se rendre, dès lors, à Pierre-Fontaine. L'ordre est signé du comte d'Argenson.

En 1746, les paroisses de Glay et de Villars subirent une petite dragonnade. Les églises de ces deux villages ayant été prises par les catholiques, cela excita quelques rumeurs. Pour les apaiser, les soldats vécurent à discrétion chez les habitants, qui furent assez maltraités.

A Montécheroux, l'église était soumise au régime du simultané. Elle fut, la même année, entièrement fermée aux protestants.

Six paroisses protestantes avaient été ainsi supprimées. Les quatre autres auraient eu le même sort si le duc Charles-Eugène, pour répondre aux nombreuses plaintes de ses sujets, aussi bien que pour recouvrer la jouissance de ses revenus seigneuriaux, ne s'était décidé à sacrifier ses droits sur les quatre terres. Une convention fut signée à Versailles, le 10 mai 1748, qui faisait rentrer le duc Wurtemberg, comte de Montbéliard, dans la possession du domaine utile, c'est-à-dire dans la jouissance des droits et revenus seigneuriaux dans les quatre terres, sur lesquelles il reconnaissait d'ailleurs les droits de suzeraineté de la France. Louis XV promettait en échange de tolérer l'exercice de la religion évangélique dans les seigneuries.

John VIÉNOT.

CHAPITRE XX

Hommes utiles au XVIIIe siècle.

Le pasteur Nardin. — Les Berdot. — Le recteur Bonsen. — J.-J. Duvernoy. — Frédéric Japy.

Le pasteur Nardin.

J.-F. Nardin était, par sa mère, le petit-fils du savant et pieux pasteur d'Héricourt, Charles Duvernoy. Dès qu'il fut sorti du berceau, dit son biographe, son père travailla avec succès à planter dans son cœur les premiers germes de la piété.

J.-F. Nardin était fort bien doué. Il eut à Tubingue la vie d'un étudiant exemplaire. « Renonçant aux plaisirs, crucifiant les passions fougueuses de la jeunesse, il n'avait de cœur et d'amour que pour Jésus. Il vivait déjà uniquement pour Dieu. » Dès cette époque, le jeune étudiant montre la fermeté de son caractère en demeurant fidèle à la ligne de conduite qu'il s'était tracée malgré les railleries, les calomnies et les persécutions même.

De retour au pays, Nardin fut nommé diacre à Héricourt. Il fut présenté à sa nouvelle paroisse le 12 juin 1714.

Nardin apportait des qualités remarquables et une piété déjà mûrie par une constante et intime communion avec le Sauveur. C'était un souffle de jeunesse et de vie qui venait passer sur une église qui avait eu déjà d'excellents pasteurs, mais qui à cette époque, était desservie par un homme qui paraît avoir été plutôt un fonctionnaire exact et correct qu'un vrai pasteur des âmes. Nardin était au contraire un *pasteur* dans toute l'acception de ce mot. Son ministère ne devait pas tarder à porter des fruits. Ce ne fut pas sans doute un mouvement général. Il en réveilla plusieurs, dit simplement son biographe. « Un certain nombre de ses auditeurs, ajoute-t-il, goûtaient l'efficacité de la Parole de Dieu et embrassaient ouvertement le parti de la piété. D'autres moins avancés, cessaient de scandaliser l'Église par leurs déréglements et leurs profanations. Les jurements, les chansons profanes et impudiques ne se trouvaient plus que dans la bouche de quelques libertins déclarés. En échange, on entendait retentir dans la campagne aussi bien que dans la ville et même parmi les jeunes bergers, des hymnes et des cantiques spirituels que le ministre composait pour sanctifier leur joie. »

La prédication de Nardin, simple et précise, était goûtée des pauvres gens... La grâce de Dieu manifestée en Jésus-Christ et venant répondre à tous les besoins de l'âme humaine, voilà le fond de cette prédication. L'essentiel pour Nardin, c'est le renouvellement intérieur, la nouvelle naissance... Quand il devait prêcher au dehors, à Tavey, par exemple, beaucoup de ses auditeurs l'y suivaient.

Le jeune diacre n'avait pas tardé à introduire à Héricourt ces *collegia pietatis*, ces réunions de piété qu'il avait vu pratiquer à Tubingue. Outre ses instructions publiques, dit J.-J. Duvernoy, il en donnait de particulières dans sa maison tous les jours de dimanche. Et pour que tous les jeunes gens puissent profiter des unes et des autres, il tenait ces dernières à une heure où la jeunesse employée à garder les bestiaux pouvait y assister.

L'entrée en activité de Nardin nous donne ainsi l'impression d'une vie *consacrée*. Qui n'appréciera ce souci des jeunes bergers et de leurs âmes ? Un pasteur qui se résigne à ne pas atteindre une partie du peuple n'est pas digne de ce nom.

Nardin fut appelé dans l'église de Blamont

en 1718. Le ministre de Blamont fut, dans toute l'acception de ce mot un « évangélique », un « pasteur des âmes ». Sa piété était puisée à la source pure d'une communion intime et personnelle avec Jésus. D'une constitution débile, fatigué en outre par l'exercice de son ministère où il se dépensait tout entier, il restait toujours calme et serein. C'était un homme de prière. C'était un chrétien conséquent. Il savait pardonner. Simple et modeste dans ses habits, il donnait l'exemple « d'une honnête liberté qui se possède toujours et d'une sobriété qui ne se dément jamais ». Rien de sombre, d'ailleurs, ni dans sa piété, ni dans sa vie. Son humeur était sereine et même enjouée. Sa gravité était accompagnée d'humilité et de douceur. Il était prévenant, affable, populaire. Il savait respecter ses collègues d'une autre tendance : « Il n'affectait point de se distinguer des autres, bien moins de rendre méprisables les ministres qui ne suivaient pas en tout les mêmes maximes. » Il ne méprisait pas la science. Il possédait l'allemand, le latin, le grec, et entendait passablement l'hébreu et l'anglais. Il apportait un grand soin à sa prédication. Il avait aussi grand soin des malades, des écoles. On a de lui un volume de *sermons* qui sont encore lus avec édification dans le pays et au dehors. Il mourut le 7 décembre 1728.

Les Berdot.

Né à Clairegoutte, où son père était pasteur avant de devenir surintendant des églises de Montbéliard, L.-E. Berdot était, par sa mère, petit-fils du médecin L.-E. Binninger. Après de bonnes études classiques faites d'abord sous la direction de son père, puis au gymnase de Montbéliard, Berdot étudia la médecine à Bâle. Il devint ensuite médecin à Montbéliard. A ce titre, il lutta fermement contre la médecine empirique qui faisait tant de ravages dans les campagnes. Il s'efforça de remettre en honneur les eaux de Lougres. Il découvrit des sources d'eau salée et de la houille même à Couthenans. Il rédigea avec le concours de son fils aîné une flore du pays de Montbéliard. Il avait aussi recueilli des documents intéressants sur l'histoire civile et ecclésiastique de ce pays. Il mourut en 1787, après avoir célébré le jubilé cinquantenaire de son mariage. Son fils aîné, David-Charles-Emmanuel Berdot, né à Montbéliard en 1738, était médecin comme lui et montra le même souci intelligent de la santé publique. Il fit déplacer plusieurs cimetières de campagne trop petits ou mal exposés, provoqua l'interdiction des églises comme lieux d'inhumation. Il publia quelques ouvrages utiles et mourut, en 1780, à Stuttgart où il avait été se reposer. Son fils, Charles-Léopold-Vernier Berdot, né à Montbéliard en 1775, fut élevé par son grand-oncle, le pieux ministre J.-J. Duvernoy, et étudia ensuite la médecine à Bâle et à Paris. Après avoir été médecin de l'armée du Rhin, il revint se fixer à Montbéliard qu'il quitta quelques années après pour s'établir à Colmar où il mourut en 1830, laissant un fils médecin comme lui.

Le recteur Bonsen.

Bonsen, né à Montbéliard en 1699, fit de solides études dans sa ville natale, puis à Strasbourg. Après avoir été vicaire à Strasbourg (1723-1726) et précepteur dans une grande famille, il fut appelé à Montbéliard comme co-recteur du gymnase (1728). En 1735, il fut nommé recteur et il occupa cette charge jusqu'en 1769, époque où il fut nommé surintendant des églises. C'est comme recteur que Bonsen a surtout rendu des services à son pays. Il avait réussi à mettre le gymnase sur un bon pied, à y restaurer la discipline et y relever les études. Il avait eu, longtemps avant qu'elle fut réalisée, l'idée si pratique d'une inspection à exercer sur les diverses écoles qui, sans cela, risquaient d'être, ici et là, négligées. Le vieux pédagogue qui resta pendant quarante ans à la tête du gymnase de Montbéliard mérite de n'être pas tout à fait oublié. Il apporta dans l'exercice de ses fonctions de surintendant des églises les mêmes idées d'ordre et de discipline. Bonsen est le type de l'ancien pédagogue d'autrefois, un peu étroit, autoritaire, mais honnête et droit.

Après avoir fourni une longue et honorable carrière, dit une note de son petit-fils L.-F. Masson, L.-E. Bonsen s'endormit au Seigneur le 16 février 1788, âgé de 88 ans 1/2. Sa vie active et laborieuse fut constamment consacrée au service de sa Patrie, depuis l'année 1728 jusqu'à sa mort.

Le surintendant J.-J. Duvernoy.

J.-J. Duvernoy fut l'un des pasteurs les plus distingués du pays de Montbéliard au XVIIIᵉ siècle. Né à Etupes en 1709, J.-J. Duvernoy était le neveu du pasteur Nardin.

Il fit de bonnes études à Montbéliard puis à Tubingue. Il fut ensuite lecteur à la cour de Bade-Durlach. C'est pendant ce séjour qu'il traduisit en français la *Réponse de Pfaff aux douze lettres du P. Scheffmacher*. Ce dernier était un habile jésuite qui avait essayé par ses lettres de ramener au catholicisme la ville de Strasbourg. En 1737, J.-J. Duvernoy fut nommé co-recteur au gymnase de Montbéliard, fonction qu'il quitta en 1745 pour devenir pasteur de l'église allemande. Il servit cette église pendant quarante ans. Il avait des dons remarquables. A une solide culture littéraire il joignait une piété vivante, une grande facilité de travail. Ses contemporains lui avaient fait une réputation d'éloquence. J.-J. Duvernoy était un grand ami des Moraves. Il devint en 1785 surintendant des églises.

J.-J. Duvernoy est un des pasteurs du pays qui ont le plus écrit. On lui doit une *Vie de Nardin*, son oncle, une traduction de la *Géographie universelle* de Hubner; une *Histoire des églises esclavonnes et vaudoises*, un *Abrégé historique des livres de l'Ancien Testament*, de J. Risler, un *Abrégé de la saine morale fondée sur la religion*, sans parler d'autres ouvrages et traités moins importants.

Dans tous ses ouvrages, Duvernoy reste fidèle à son principe. Dans cette lutte de la raison et de la foi qui s'appelle le XVIIIe siècle, Duvernoy a pris et a gardé une position ferme.

La raison a beau triompher dans l'esprit de ses contemporains, pour lui, avec les Moraves, il reste fidèle à cet Évangile qu'il a senti dans son cœur salutaire et vrai.

Parmi les pasteurs qui secondèrent J.-J. Duvernoy dans ses efforts pour maintenir ou réveiller la vie religieuse dans nos paroisses, il faut citer Pelletier, Fries, Scharffenstein. Le pasteur J.-J. Paur, appartenait à la même tendance. Il avait été le précepteur de Marie Fédorovna et il a laissé une bonne traduction d'un *Abrégé de l'histoire de la Réformation*, de Seckendorf.

J.-J. Paur mourut pasteur à Etobon, en 1787.

Frédéric Japy.

Frédéric Japy a rendu à l'industrie horlogère et au pays de Montbéliard des services considérables qu'il serait injuste d'oublier. C'est lui qui eut l'idée géniale de faire mécaniquement les premières pièces de la montre, qu'on appelle l'*ébauche*. Avant lui, les ouvriers perdaient beaucoup de temps à les dégrossir à la main. En réalisant son idée dans ses ateliers de Beaucourt, Frédéric Japy a fait dans l'industrie horlogère une véritable révolution.

Frédéric Japy naquit à Beaucourt en 1749. Il était fils du maréchal-ferrand du village. Intelligent et éveillé, il fit de bonnes études à Montbéliard. Son père l'envoya ensuite au Locle étudier l'industrie de la montre, récemment introduite, dans ces régions, par Daniel-Jean Richard.

Rentré dans son pays après un apprentissage de trois ans, F. Japy s'occupa d'introduire à Beaucourt un atelier d'*ébauches* de montre semblable à ceux qu'il avait vu fonctionner en Suisse et qui donnaient rapidement l'aisance aux ouvriers et la richesse aux patrons. Ses débuts furent modestes, ils furent même par instants très difficiles. Il ouvrit son premier atelier à Beaucourt en 1772. Il se maria l'année suivante, à 24 ans. De 1774 à 1777, il s'installa, lui et ses apprentis, à la Grange-Madame, près de Montbéliard, que son beau-père, Amstutz, occupait comme fermier du prince. Mais il ne pouvait avoir là une installation définitive et, dès 1776, il fait bâtir la première fabrique de Beaucourt. Il l'occupe dès l'année suivante. Dans l'intervalle, il a conçu un projet de *machine-outil* capable de rendre meilleure et plus rapide la fabrication des ébauches de montres. Un mécanicien habile, Jeanneret-Gris, s'est déclaré capable de construire la machine nouvelle, et, dès 1779, la fabrique d'ébauches de montres de Beaucourt est en pleine activité.

Après de durs moments, Frédéric Japy connut enfin la prospérité. L'annexion du pays de Montbéliard à la France vint encore favoriser ses affaires en leur ouvrant un vaste débouché. En l'an XII, F. Japy faisait pour 253.800 francs d'affaires. Il en étendait sans cesse le cercle. C'est ainsi qu'il avait établi à Badevel une fabrique de mouvements de pendule, qu'il se mit aussi à faire mécaniquement.

Frédéric Japy mourut en 1812, à l'âge de 63 ans. Il avait eu 16 enfants. Ses fils, dont plusieurs étaient déjà ses intelligents et actifs collaborateurs, continuèrent son œuvre en lui donnant une extension et un développement qui n'ont fait que s'accroître jusqu'à nos jours.

PREMIÈRE LECTURE

LES MŒURS AU XVIIIe SIÈCLE

Après avoir lu les procès-verbaux du Conseil ecclésiastique, les registres des Consistoires, les plaidoyers des causes civiles et criminelles, nous n'hésitons pas à déclarer que la moralité générale était au XVIIIe siècle, dans le pays de Montbéliard, bien supérieure à ce que l'on voyait ailleurs et surtout à ce qu'on pourrait attendre de ce temps.

La bourgeoisie d'alors n'était pas gâtée par le luxe et grisée par la prospérité matérielle, l'industrie n'avait pas amené les terribles promiscuités de l'atelier. Ceux que leur piété ne retenait pas, étaient souvent rendus plus sages par la perspective du consistoire et de la « calange » publique.

La beauté de la race était déjà un des profits de la moralité On se mariait de bonne heure et les jubilés cinquantenaires n'étaient pas rares. Les contemporains témoignent que les septuagénaires étaient très nombreux, qu'on rencontrait souvent des nonagénaires, des centenaires même. Les médecins étaient rares et peu consultés. Les familles étaient nombreuses, de 5 à 8 enfants d'ordinaire. On a vu des mères avoir 21, 24 et 25 enfants. La mortalité était de 1 sur 37.

Sans doute, il y a des ombres à ce tableau. Les autorités ecclésiastiques et les prédicateurs se plaignent souvent de l'immoralité du peuple, adonné au jeu, au vin, à la danse. Ils déplorent la profanation du dimanche. Sans doute, alors comme aujourd'hui, il y avait une partie de la population qui échappait à toute discipline morale, mais la proportion des gens de cette sorte n'était pas aussi forte. Il y avait de la grossièreté dans les mœurs, mais la grossièreté n'est pas le signe constant de l'immoralité et, d'une manière générale, on peut affirmer que l'état des mœurs de cette bourgeoisie protestante au XVIIIe siècle était bon. Il y a des exceptions, mais encore sont-elles souvent le fait des étrangers.

John VIÉNOT.

DEUXIÈME LECTURE

LES ÉTOFFES D'AUTREFOIS

Le moment nous semble venu de dire quelques mots des anciennes étoffes, la plupart en coton, anciennement en usage chez nous et dont la mode tend à disparaitre complètement.

La *Cotonne* ou Siamoise, étoffe de coton, comme son nom

l'indique, était à raie ou à carreaux. On l'employait en robes, et, dans les centres industriels, pour chemises ou pour blouses courtes, qui, souvent lavées, résistaient bien à l'usage.

La *Verquelure*, plus épaisse, aux dessins plus grands et plus marqués, s'employait pour rideaux de lits.

La *Futaine* était une étoffe écrue avec quelques liteaux bleus, très serrée, destinée à contenir la plume des couchettes.

La *Grisette*, chaîne fil écru et trame coton bleu, se tissait en uni ou en croisé, on en faisait des pantalons ou des tabliers.

Le *Trocage*, étoffe de fil ou de coton teinte en bleu ou en vert foncé. C'était un semé de pois ou de petites fleurettes blanches obtenues par enlevage, ou encore de couleur maïs. Le trocage constituait en quelque sorte l'uniforme de nos paysannes.

Le *Droguet*, tramé laine sur chaîne fil, était à l'usage des hommes. Avec cette étoffe on faisait leurs plus beaux vêtements. La culotte ou le pantalon étaient assez collants. Le gilet à revers était croisé, à deux rangs de boutons. La jaquette avait un col rabattu montant très haut dans le cou, les manches en étaient étroites. Ce vêtement, toujours de couleur grise ou brune, suivant le mélange des laines naturelles qui étaient employées à sa confection, se terminait par deux petits pans de six pouces carrés environ.

Enfin, n'oublions pas le *Trosse* ou *Treillis*. Le *Trosse* était une étoffe étroite et grossière. On employait les étoupes pour sa confection. Dans une pièce de trosse, indifféremment on coupait, pour la famille, des pantalons dont la solidité surpassait l'élégance, comme aussi pour la culture, des sacs. C'est en raison de ce double usage que nos anciens sacs était si démesurément longs pour leur largeur. Vêtus de trosse ou de trocage, chaussés de gros sabots de hêtre ou de bouleau noirci, payés seize sous la paire à l'artiste du cru et ne prenant pas l'humidité comme les chaussures de cuir, nos campagnards étaient à l'aise. Ils se trouvaient même très dignement vêtus, car la propreté a toujours été en honneur au pays.

Léon SAHLER.

TROISIÈME LECTURE

LES SAISONS DANS LE PAYS DE MONTBÉLIARD

Si nous considérons la succession des saisons dans le pays de Montbéliard, nous voyons que l'hiver et les mauvais jours occupent la plus grande partie de l'année.

Dès le mois d'octobre les arbres sont dépouillés de leurs feuilles, la verdure a disparu, les brouillards nous envahissent et la neige commence à tomber. Les mois de décembre, janvier et février sont les plus froids. La neige tombe souvent en grande abondance, surtout en février. Toutefois l'hiver neigeux fait quelquefois place à un hiver pluvieux.

Pendant le mois de mars, nous avons le vent et les giboulées. Les pluies se continuent souvent jusqu'au mois de juin. Les gelées tardives occasionnent la perte des fleurs des arbres aux mois d'avril et de mai.

Enfin apparaissent les grands jours d'été et les chaleurs qui se font surtout sentir durant les mois de juillet et d'août avec des alternatives d'orages. La grêle occasionne quelquefois de grands dommages. La foudre tombe souvent sur les arbres ou les maisons et frappe accidentellement les hommes.

L'automne est la saison la plus fixe, on voit souvent le mois de septembre particulièrement beau.

La fenaison a lieu d'ordinaire pendant le mois de juin, la moisson au mois d'août.

D'après les données précédentes, il est facile de saisir le caractère essentiel de notre climat : ce caractère, c'est la *variabilité*. Or un climat variable n'est pas un climat sain parce que la variabilité de l'atmosphère entraîne des variabilités nombreuses dans la santé publique, les habitants étant soumis à des influences, à des alternatives continuelles de chaud, de froid, de sécheresse, d'humidité ; de là les nombreuses maladies qui atteignent notre population.

La plupart des légumes et arbres fruitiers cultivés aujourd'hui dans la contrée de Montbéliard et en Alsace, l'étaient déjà du temps de Charlemagne dans les mêmes régions. Ce fait prouverait que le climat et la culture n'ont pas changé depuis l'an 800.

Dr MUSTON.

CHAPITRE XXI

Curiosités du Pays de Montbéliard.

Le château de Montbéliard.

Le château, qui n'a cessé d'être la demeure la plus habituelle des comtes de Montbéliard jusqu'à leur extinction en 1397, et qui dès-lors a servi de résidence à des branches cadettes de la maison de Wurtemberg est une vaste construction, occupant un espace considérable. De hauts remparts l'entourent de tous côtés : on y pénètre par une seule et grande porte assez large pour le passage d'une voiture ; en avant était un pont-levis sur un fossé comblé au xviiime siècle. Des terrasses longent les parties nord et sud de l'enceinte intérieure qui forme une large rue bordée par intervalles de batiments dont la plupart sont d'origine toute moderne. A l'entrée, au couchant et au nord et, dans le fond, au levant et au midi, s'élèvent deux édifices principaux, séparés jadis par un fossé profond et creusé dans le roc. Ils sont désignés dans les titres du moyen âge sous les noms de *Châtel-devant* ou *Vieux-donjon*, et de *Châtel-derrière* ou *Neuf-donjon*.

Le *Châtel-devant*, ainsi appelé de sa situation par rapport à l'église Saint-Maimbœuf, n'existe plus ; il était, en 1794, dans un état complet de dégradation.

Le *Châtel-derrière*, aujourd'hui le château neuf, mentionné seulement dès le xivme siècle, a été rebâti en 1751. C'est un carré long, composé de trois étages, dont l'inférieur, du côté du midi, se trouve presque de niveau avec une terrasse ou plate-forme revêtue d'une galerie en pierre qui domine sur toute la campagne. La vue bornée seulement par les montagnes du Lomont, présente au spectateur un paysage étendu, varié et pittoresque. A son extrémité orientale, ce château est flanqué de plusieurs tours ; les deux principales ont été rebaties, l'une par la comtesse Henriette vers 1425, et l'autre, sous le comte Frédéric, en 1594. On la nomme la tour neuve ; la première est appelée tour bossue ou tour ronde. On y remarque une grande pièce dont le plafond en marqueterie n'est pas indigne de l'attention des curieux : elle servait de chapelle particulière. Dans la tour neuve se trouve un fond de fosses où l'on nourrissait des ours. Un ou plusieurs étages étaient occupés par la bibliothèque des princes, riche en manuscrits et en éditions des premiers temps de l'impri-

merie et par un cabinet de médailles et d'anti-
quités la plupart recueillies dans les ruines de
Mandeure, cité romaine à un myriamètre de
Montbéliard, qui n'échappa point aux ravages
du féroce Attila. Dans l'ancien corps de logis,
au rez-de-chaussée, on voyait la grande salle
des fiefs, la plus vaste de l'ancien château de
Montbéliard, ainsi appelée parce qu'elle servait
aux cérémonies des reprises de fief. Les armoiries de Bavière, de Montbéliard, de Salm, et
de Wurtemberg, ainsi que celle des nombreux
vassaux du comté et des seigneuries, peintes
à fresque, en décoraient les murailles ; dans le
fond, sur une estrade à quatre marches, on
voyait un riche fauteuil surmonté d'un dais ;
en avant, une grande table ronde recouverte
d'un tapis de velours noir à franges d'or ; des
fauteuils et des banquettes en drap rouge
occupaient les côtés dans toute leur longueur ;
de grands candélabres sur piédestaux les sépa-
raient de distance en distance. — La plupart
des appartements du château avaient des ten-
tures en bergamesque ou en cuir, dont la
couleur servait à les désigner ; ici, c'était la
chambre rouge plus loin, la bleue, ailleurs la
chambre noire, qu'avait habitée le duc Ulric
durant son exil ; sa tapisserie lugubre et tout
l'ameublement correspondaient aux disposi-

tions d'esprit dans lesquelles il était alors ; cet appartement est demeuré le même pendant un siècle presque entier. Dans la salle à manger, tendue en drap rouge, et ornée de plusieurs tableaux de chasse entremêlés de têtes de cerfs et de chevreuils, se trouvait une immense crédence chargée de flacons, de coupes en vermeil de toutes les grosseurs, et une orgue portative destinée à accompagner le chant des cantiques pendant la durée des repas.

Différents autres édifices, tels que l'ancienne chancellerie, dont l'existence remonte à la fin du XVIme siècle, une église demeurée inachevée, etc., se trouvaient dans l'enceinte du château. Elle renfermait aussi l'hôtel du bailli, l'arsenal détruit en 1677, dans lequel étaient conservés des armures et des instruments de guerre du moyen-âge ; l'église collégiale de Saint-Maimbœuf abattue en 1810, où l'on retrouvait tous les genres d'architecture et jusqu'à des vestiges de maçonnerie romaine. Son intérieur offrait des mausolées du XIVme siècle ; le plus récent et en même temps le plus remarquable, en marbre blanc, recouvrait les restes du comte de la Suze, gouverneur de Montbéliard pendant la protection française, mort en l'année 1636. Les caveaux destinés à la sépulture des princes, furent indignement profanés à l'époque de l'occupation du pays en 1793.　　C. D.

L'Église Saint-Martin.

Les guerres religieuses en France avaient amené à Montbéliard, surtout pendant la seconde moitié du xvime siècle, une multitude d'étrangers qui en avaient sensiblement augmenté la population. La ville avait sauté ses remparts, et il avait fallu créer pour eux le quartier de la neuve ville. L'église Saint-Martin, devenue insuffisante, dut être remplacée par un édifice plus vaste ; et c'est alors, en 1601, que le comte Frédéric fit construire par son architecte, Henri Schickard, le monument que nous voyons maintenant.

La première pierre du temple fut posée, le jeudi 5 mars 1601, à 3 heures du soir, en présence du surintendant Oswald, assisté des pasteurs Samuel Cucuel et Jacques Macler. A la cérémonie assistaient Pierre Borne, gouverneur du château pour le prince alors à Suttgart et toutes les autorités de la ville et de l'état. Des chandeliers d'or furent placés dans les fondations aux quatre angles de l'édifice. L'inauguration du nouvel édifice eut lieu le 18 octobre 1607. Les desservants étaient alors Samuel Cucuel, premier pasteur et Jean Thiersault, deuxième pasteur. Un premier discours fut prononcé en allemand. Samuel Cucuel prononça le discours français, suivi de l'administration de la Sainte-Cène. On chanta le psaume 122 et, à l'issue du service, il fut recueilli pour les pauvres 41 francs qui leur furent distribués. A la cérémonie assistaient le baron Léopold de Landau, gouverneur du pays pour le prince Frédéric, le chancelier, le noble conseil, les neuf maîtres bourgeois, le corps des 18, les notables et un nombre immense de personnes.

L'occupation de Montbéliard par le maréchal de Luxembourg, 1676, fit courir un sérieux danger à l'édifice. Trente deux mineurs envoyés de Giromagny par M. de la Grange, intendant d'Alsace, avaient reçu l'ordre de le faire sauter avec le château et le bâtiment des Halles ; et déjà ils avaient commencé leurs travaux de mines au château, lorsque à force de démarches et de supplications, on parvint à détourner le coup. C'est dans ces circonstances que fut construit le clocher de l'église dont l'usage était resté aux protestants, tandis que Saint-Mainbœuf était occupé par des moines franciscains, qui suivaient l'armée française. Voici comment une ancienne chronique raconte l'évènement : « Les français étant entrés à Montbéliard le 8 décembre 1676, et après beaucoup de désolations, l'usage des cloches à Saint-Mainbœuf ayant été interdit, les ministres et les anciens de l'église française du dit lieu, délibérèrent d'ériger un clocher sur l'église Saint-Maimbœuf pour y suspendre les cloches nécessaires à la convocation des fidèles pour le culte et le service divin, laquelle bonne œuvre ayant été commencée par le consentement du conseil de S. A. S. Georges, duc de Wurtemberg-Montbéliard pour lors absent, fut par la bénédiction de Dieu, nonobstant les grands malheurs de la guerre, avancé à cette perfection qu'étant couvert, et les montres y ayant été apposées, l'onzième de novembre 1677, l'horloge qui y fut dressée commença à frapper à la première heure du jour, jour de dimanche et de Saint-Martin pour lors étant ministres en ladite église les Srs M^tres Jean Viénot, Frédérich-Melchior Barthol, et Jean Friedérich-Perrenon diacre ».

Ce clocher, construit en bois, avec l'argent de la Recette et le produit d'une souscription, subsiste encore aujourd'hui. On y plaça deux cloches provenant, l'une de l'arsenal de l'hôtel de ville, dépouillé par les Français de tout ce qu'il possédait, l'autre du château où elle servait pour sonner les prières. Celle-ci fut enlevée en 1793, par ordre de Bernard de Saintes, et la première fut remplacée en 1840 par une autre un peu plus grande provenant de Belchamp, et qui était restée jusqu'alors sur la tour de l'horloge à l'entrée de la rue des Febvres.

En 1684, on construisit la tribune ; enfin en 1690, on plaça dans la tour une horloge sonnant les heures et les quarts d'heure.

A la Révolution française, les Jacobins s'étaient hâtés de prendre possession de Saint-Martin, pour y tenir leurs assemblées. La place qui environnait le temple, reçut le nom de place de la révolution, et au mois de décembre suivant on installa dans l'église le culte de la raison ; un arbre de la Liberté fut planté devant l'autel que l'on décora de rubans tricolores ainsi que la tribune, et sur la chaire on disposa une sorte de pyramide que l'on coiffa du bonnet rouge ; à chaque décade, on se réunissait pour prononcer des discours patriotiques ; on entendait la lecture des lois que l'orateur faisait suivre de commentaires, on chantait des chansons républicaines. J.-J. Morel était un des orateurs les plus goûtés, et à la tête des patriotes figurait tout particulièrement l'ancien curé de la ville, J. Baptiste Cordienne. Une des cloches de l'église ainsi que les vases de communion avaient été enlevés, et le culte chrétien fut supprimé au mois de juillet 1794. Les réunions de décades se prolongèrent jusqu'au Consulat ; cependant l'interdiction du culte divin ne subsista que jusqu'au mois de mars 1795, et après huit mois d'interruption, on recommença à sonner les cloches. Un décret leva l'interdit, et le temple Saint-Martin fut définitivement rendu à sa destination le 8 juin, 20 prairial de la même année. Ce même jour le procureur général G.-D. Rossel fit enlever la pyramide et le bonnet qui surmontaient la chaire.

Les biens des recettes ecclésiastiques avaient été confisqués comme biens de main-morte. Ils ne furent pas restitués, et à la restauration des cultes, l'Etat se chargea des traitements des pasteurs.

Mais le temple Saint-Martin n'avait eu, depuis de longues années, aucune réparation sérieuse. En 1837, il fut entièrement retenu : les anciennes orgues furent remplacées au moyen d'une souscription ; la chaire, jusqu'alors appuyée au coté nord de l'édifice, fut transportée derrière l'autel à l'emplacement qu'elle occupe encore, et la tribune fut disposée de manière à former un fer à cheval régulier. L'édifice fut peint à neuf et remis en bon état.

Dans l'hiver de 1870 à 1871, les Prussiens occupèrent l'église dont ils firent un magasin de vivres et d'habillement. La sonnerie des cloches fut interdite, et les services religieux restèrent suspendus environ pendant six mois. Dès lors ils n'ont plus été interrompus et à deux reprises on y a célébré les services d'ouverture du synode général.

De nouvelles réparations ont été faites à l'église Saint-Martin en 1895 aux frais de la paroisse.

Le château d'Héricourt.

Lors de la dernière conquête de la Franche-Comté par Louis XIV, Héricourt occupé par les Français en 1676, fut démantelé ; mais la ville conserva son château dont une partie existe encore. Il était flanqué de deux tours, ceint de murs, et défendu, en outre, par un fossé rempli d'eau ; les tours portaient les noms de *Tour d'Espagne*, *Tour Gigotte*, *Tour de la Lanterne* et *grosse Tour*. Elles furent détruites, ainsi que les murailles en 1676. La grosse-tour, précédée d'un pont-levis, formait l'entrée du château, qui se compose d'un rez-de-chaussée et de plusieurs étages. Il renferme des salles très spacieuses. Un petit édifice attenant, construit au XVIIIme siècle, devait servir de chapelle ; l'intérieur était divisé en deux pièces, dont l'une avec un plafond en forme de dôme, était ornée des portraits des princes de Wurtemberg-Montbéliard. Du reste, le château d'Héricourt ne paraît remonter qu'au XVme ou XVIme siècle. Plusieurs maisons ou restes de maisons de la ville ont dû, d'après le genre de leur architecture, être bâties antérieurement ; on peut citer entre autres celle de la famille Barbaud de Florimont.

La ville d'Héricourt, située dans une vallée profonde, entourée de monticules boisés, est arrosée par la Luzine. Sur cette rivière est construit un pont qui offre dans son arche unique et hardie un modèle assez remarquable.

Blamont.

Blamont est une petite ville avec un château fort entre Montbéliard et Saint-Hippolyte. Sa situation au pied du Lomont à l'angle d'une plate-forme qui s'avance sur trois vallées profondes est des plus pittoresques et des plus romantiques. On l'a déjà décrite dans les Hélvétiens :

> Vers les flancs du Lomont, d'où la Fouge et la Creuse
> Font jaillir les torrens de leur source orageuse,
> Un aride rocher, sur un triple vallon
> Suspend les murs tombans d'un antique donjon.

Son nom ne vient peut-être pas de Blanc-mont, comme il est naturel de le croire, en le touvant ainsi écrit dans quelques documents, et comme on l'a traduit en latin ; il a plutôt la même origine et la même étymologie que celui de Lomont, qui s'est formé par contraction de Blaumont ou Bleu-mont, à cause de la couleur bleuâtre de cette montagne, qui paraît, comme les Vosges, couverte d'un voile azuré et demi-transparent, si on la regarde de loin.

Les Allemands nomment encore le Lomont Blau-berg, Bleu-mont.

Le vieux château de Blamont n'est pas le fort qui subsiste aujourd'hui, mais un ancien donjon, dont on voit les ruines un peu plus bas, et dont la fondation date de la plus haute antiquité. Le château qui subsiste[1] fut bâti postérieurement par les sires de Neufchâtel. Les Suisses le prirent durant les guerres de Bourgogne, et le flanquèrent de quelques nouvelles tours. Les ducs de Wurtemberg, comtes de Montbéliard, qui s'en mirent en possession en 1506, l'agrandirent et l'embellirent. Il fut

---

[1] Transformé aujourd'hui en couvent.

quelquefois leur résidence d'automne, à cause de sa situation salubre et abondante en gibier, surtout en sangliers, dont on voit encore des hures monstrueuses appendues en trophées aux portes du fort. La France s'en empara finalement, et y ajouta quelques fortifications à la moderne.

Blamont, assis sur un rocher aride n'a point d'eau, les sources de la Creuse, de la Fouge, de la Laronnesse, sont au fond des vallées, à près d'une demie-lieu de profondeur ; et les habitants sont obligés d'aller, avec beaucoup de fatigues, y abreuver leur bétail. Le château a de belles citernes et un puits si vaste et si profond qu'il semble avoir été originairement un gouffre ; car il n'est pas probable que, dans un lieu qui n'a jamais été de grande importance, on ait pratiqué une si grande concavation dans le roc vif, les frais surpasseraient la valeur du fort et de la ville. On en tire l'eau par le moyen d'une grande roue. Les contes que l'on a de tous temps débités dans la contrée sur ce puits, on fait une telle impression qu'en dernier lieu, lorsqu'il fut question d'y descendre pour le nettoyer, personne ne voulait le tenter. A la fin, on engagea, à force de promesses, deux ouvriers que l'on descendit jusqu'à l'endroit où l'on trouve une cuve taillée dans le roc vif, pour recevoir les eaux du torrent ; mais ils racontèrent des choses extra-ordinaires et ne voulurent nettoyer cette cuve qu'à raison de douze francs par jour. L'entre-preneur des fortifications, le sieur Jaubard, lassé de donner une si forte somme, se fit descendre lui-même et détruisit le prétendu charme. Voici ce qu'il raconte : l'entrée du puits est une fente de rocher que l'art et le travail ont un peu élargie ; à deux cents pieds de profondeur, cette fente devient une caverne très vaste, au milieu de laquelle on a pratiqué une cuve ronde taillée dans le roc.

C. D.

Clémont.

L'origine de la seigneurie de Clémont re-monte au XIIIme siècle. Composée dans les derniers temps de sept villages ou hameaux, elle fut formée en grande partie de certains ter-ritoires donnés en 1136 à l'abbaye de Lucelles par les comtes de la Roche Saint-Hippolyte et quelques-uns de leurs ministériels, et ac-quis, en 1242, sur l'abbé Timéo de Ramstein par Thiébaud III sire de Neufchâtel en Bourgo-gne. Après avoir avoir appartenu aux sires de Neufchâtel, cette seigneurie passa, en 1505, à

Guillaume de Furstemberg qui la vendit en 1525, de même qu'Héricourt, Châtelot, l'Isle-sur-le-Doubs et Granges à l'archiduc Ferdinand d'Autriche qui les revendit, en 1526 ou 1527, à son grand trésorier Gabriel de Salamanque, comte d'Ortembourg. Ses successeurs possédèrent Clémont jusq'en 1561, époque où il fut réuni, avec Héricourt et le Chatelot, aux domaines des comtes de Montbéliard.

La seigneurie de Clémont doit son nom à un vieux château féodal qui contourne une colline de forme conique située entre les villages de Montécheroux, Liebvillers et Noirefontaine ; cette colline est appelée la Motte par les habitants du pays. On ignore la date de sa construction ; mais il existait déjà en 1261 comme le prouve un acte de partage des biens de Thiébaud de Neufchâtel entre ses enfants issus de son mariage avec Elisabeth de Jonvelle.

Attaqué sans succès par l'évêque de Bâle au mois de juin 1425, le château de Clémont fut pris et démantelé par les Écorcheurs en 1438 ou 1439. Pendant la guerre de Bourgogne, l'évêque de Bâle s'en empara mais le restitua aux sires de Neufchâtel en 1478. Il subit une nouvelle et dernière catastrophe en 1519, et dès lors ne fut plus qu'un monceau de ruines dont on ne voit plus aucun vestige.

Au pied de ce château se trouvait le bourg de Clémont, dont la première mention se voit dans un acte du mois de juillet 1338, par lequel Thiébaud VI de Neufchâtel en affranchit les habitants. Ce bourg cessa d'exister dans les premières années du XVIIIme siècle, et le peu d'habitants qu'il avait encore alla s'établir à Montécheroux après avoir vendu leurs biens à Léopold Eberhard, comte de Montbéliard.

Bavans.

Au dessus du village de ce nom se trouvent les vestiges d'un château-fort qui remonte au moyen-âge, et où l'on a découvert des armes de cette époque. Cette localité a donné son nom à une famille de gentilshommes, dont le premier connu vivait dans la deuxième moitié du XIIme siècle et dont le dernier fut Horry de Bavans qui mourut vers l'an 1481.

La Roche Saint-Hippolyte.

La terre de La Roche Saint-Hippolyte faisait partie anciennement du comté de Montbéliard ; elle en fut séparée vers le milieu du XIIme siècle par le mariage d'Ermantrude, fille cadette du comte Thierry II ; elle l'apporta en dot, avant l'an 1140, à Odon de Nolay, et dès lors lui et ses successeurs prirent le titre de comtes de la Roche. Mais, jusqu'au commencement du XVIIIme siècle, ils prêtèrent foi et hommage aux comtes de Montbéliard.

Le comté de la Roche prit son nom d'un château-fort que les premiers propriétaires de cette terre construisirent à l'entrée d'une vaste caverne située dans un rocher perpendiculaire qui domine le Doubs, en face du village de Soulce et non loin de Saint-Hippolyte. L'entrée de cette caverne a environ trente pieds de largeur et cinquante d'élévation : elle s'étend fort loin et est traversée par un ruisseau. C'est dans cette forteresse, d'un nouveau genre, qu'en temps de guerre les habitants du voisinage se réfugiaient.

Le séjour d'un tel château devait être incommode et malsain ; aussi fut-il abandonné par ses maîtres qui avaient un hôtel dans le bourg de Saint-Hippolyte, chef-lieu de leurs terres. C'est sur les ruines de cet hôtel que fut construit, dans les premières années du XVIIIme siècle, le couvent des Ursulines de Saint-Hippolyte. Quant à la destruction des fortifications qui se trouvaient à l'entrée de la grotte de la Roche, nous ignorons à quelle époque elle remonte.

Le comté de la Roche, après avoir été possédé par la maison de Nolay, passa par mariages successifs : en 1329, à celle de Faucogney-Villersexel, en 1432, à celle de la Palud, en 1592, à celle de Rye ; en 1657, aux princes d'Aremberg, enfin, en 1703, aux sires de Montjoie qui le gardèrent jusqu'à la Révolution.

Pont-de-Roide.

Cette localité doit son nom à un pont qui fut construit par les Romains sur le Doubs à l'endroit où le ruisseau de Roide se jette dans cette rivière ; ce pont se trouvait sur la voie romaine conduisant de Mandeure à *Augusta Rauracorum*. Il fut détruit en 1369 par les archiducs Albert et Léopold d'Autriche qui étaient en guerre avec Etienne, comte de Montbéliard.

Dans les dernières années du XIVme siècle il fut construit par Thiébaud VI, sire de Neufchâtel, mais plus en amont, sous la montagne même du *Châté* et dans l'endroit où se trouve le pont actuel. Une forteresse appelée la Tour ou le château de Pont-de-Roide fut établie à l'entrée de ce pont pour en défendre le passage. Les habitants des environs vinrent construire des maisons sous les murs de cette forteresse et telle fut l'origine du bourg actuel de Pont-de-Roide.

En 1680, ce pont était en très mauvais état, ce qui obligea de le réparer. C'est à cette époque que la tour ou le château qui le protégeait fut démoli ; et ces débris, ainsi que ceux de la forteresse voisine de Neufchâtel servirent à la construction des usines de Bourguignon.

Le camp du Chataillon.

Le plateau de Chataillon forme un promontoire étroit entre la vallée du Doubs et celle de l'Allan, sur une longueur d'un kilomètre et une largeur de cent mètres.

On a longtemps considéré cette station comme étant d'origine romaine. L'accès en est fermé du côté de la colline à laquelle il fait suite, par un puissant retranchement de six à huit mètres de hauteur, formé de déblais pris à l'extérieur et débordant de deux à trois mètres le niveau intérieur du camp. A l'extrémité opposée, au-dessus des abruptes qui soutiennent le plateau, près de la jonction des rivières, se trouve également un bourrelet de terre, haut d'à peu près quatre-vingt centimètres. A la base de ce bourrelet étaient d'anciens foyers renfermant des éclats de silex et des débris d'ossements carbonisés ; plus haut se voyaient des débris de poterie gallo-romaine.

J'ai fait faire une large tranchée dans le vallum situé à la gorge du promontoire. Toute sa masse est formée des déblais pris à l'extérieur, et je n'y ai rencontré que quelques fragments de poterie gallo-romaine. Placée comme elle l'est, à la jonction des deux vallées les plus considérables de la contrée, cette station n'a pu manquer d'être habitée dans tous les temps ; et nous y trouvons, en effet, représentées toutes les époques archéologiques, depuis celle de la pierre taillée jusqu'au moyen-âge. Tour à tour, les populations préhistoriques, les Gaulois, les Romains, les Barbares, y ont laissé leurs traces ; et ces occupations successives en faisant disparaitre les restes des populations antérieures, ont fait tort à l'abondance des dépouilles. Cependant on y rencontre des grattoirs, des couteaux, des pointes de flèches en silex, des haches, puis des médailles gauloises en assez grand nombre, particulièrement au type de Togyrix ; enfin quelques médailles gallo-romaines et de la poterie.

Henry L'EPÉE.

La grotte de la Doue.

Le moulin de la Doue, dépendance du territoire d'Abévillers est situé à l'extrémité orientale du fertile et pittoresque vallon de Glay, qui se termine en cul de sac. Aussi appelle-t-on ce lieu le *Bout du monde*. En 1297, cette usine dépendait du fief que possédait Henri d'Abévillers au village de ce nom, sous la directe du comte de Montbéliard et elle est demeurée dans les mains de ses successeurs jusqu'après la seconde moitié du xvime siècle qu'elle a passé par vente dans le domaine du suzerain. C'est aujourd'hui une propriété particulière.

La Beuse Vernier à Bethoncourt.

Dans les xvme et xvime siècles le gouvernement de Montbéliard faisait extraire, avec succès et profit, dans une caverne, au pied de laquelle se trouve le vieux cimetière de Bethoncourt, une terre argileuse, désignée alors sous le nom de Bolamini ou Brouillamini dont les vertus étaient exaltées comme remède souverain pour le bétail. On en a crié jusque dans les rues de Paris. Cette caverne même n'est pas sans intérêt.

Le Mont-Bard et la grotte de Sainte-Suzanne.

Le *Mont-Bard* est un mont isolé, qui paraît naître d'un embranchement des Vosges, et qui s'avance jusqu'à trois lieues du Lomont. Il s'élève près de Montbéliard au confluent du Doubs et de l'Allan ; au bas est un village qui porte aussi le nom de *Bart*, et qui existait déjà au milieu du XIIme siècle. Les rochers qui couronnent et bordent la cime, les cavernes curieuses et quelques ruines qu'on voit encore dans le voisinage semblent justifier son nom et les traditions du pays. On prétend que les *Bardes* habitèrent jadis cette montagne, et y célébraient leurs fêtes et leurs sacrifices. Son sommet est une plate-forme, d'où l'on jouit d'une vue magnifique : mais réservée uniquement aujourd'hui aux soldats qui gardent le fort construit depuis 1870.

La jeunesse des environs y fait encore tous les ans une espèce de pélerinage, et va y cueillir les premières fleurs du printemps. Les jeunes filles en font des guirlandes et des couronnes dont elles se parent et qu'elles suspendent à leurs fenêtres, à leur retour, pour attester leur pélerinage au *Mont-Bart*.

Tout près de là est *Sainte-Suzanne* l'un des plus anciens villages du pays ; son église paroissiale existait déjà au commencement du xme siècle, et appartenait à l'abbaye de Murbach.

La *grotte de Sainte-Suzanne* est vaste, curieuse, et toute brillante de stalactites. Une fontaine y prend sa source, les éboulements de la montagne bouchent peu à peu l'entrée de cette grotte, digne d'être visitée par les curieux.

La vouivre.

Dans plusieurs villages du Pays de Montbéliard et d'Ajoie on parle d'un serpent ailé, appelé *vouivre* qui fréquente les ruines des vieux châteaux et les montagnes rocailleuses. Ce monstre n'a qu'un œil formé d'une *escarboucle* ou pierre précieuse qui projette une lumière si vive que ceux qui la voient sont frappés de terreur. En blason la *vouivre* ou *guivre* est représentée sous la forme d'une couleuvre engloutissant un enfant. Cet animal fantastique figurait dans les anciennes armoiries du pays d'Ajoie, sous la forme d'un serpent ailé et mariné d'or, avec une langue et un œil de gueules (rouge).

Longtemps avant l'année 1431 les habitants de Dung, près Montbéliard, avaient été affranchis de toute espèce de charges, sauf d'une prestation annuelle de dix livres de cire, en récompense, dit une très ancienne tradition, du service signalé qu'ils avaient rendu à toute la contrée en la délivrant d'une *vouivre* qui l'infestait.

Le château de Moron dont on aperçoit encore les ruines près du village de Vaufrey, était aussi hanté par un monstre de ce genre. Un jour, dit la légende, qu'un brave chevalier du nom de Dôle avait voulu s'emparer d'un trésor caché dans ce château, la *vouivre* le poursuivit, le contraignit d'abandonner sa pioche et de descendre la colline d'un pas précipité. Le cœur glacé d'effroi, il appela la Vierge à son secours et tomba évanoui. Sa prière fut exaucée : Marie le protégea des atteintes du monstre, et en reconnaissance de ce bienfait, il lui érigea une chapelle qui existe encore.

La tante Arie et les fées.

Une des plus gracieuses légendes du pays de Montbéliard est celle de la tante Arie, divinité protectrice de l'enfance. Dans la nuit de

Noël, elle visite les maisons où il y a des enfants ; c'est par la cheminée et sur un âne qu'elle descend, pour remplir de noix et de noisettes les sabots que les bambins ont eu soin de mettre près de l'âtre. Le lendemain, quand ils se réveillent, ils s'empressent d'aller voir si la fée leur a donné quelque chose ; et comme elle est bien bonne, elle n'en a oublié aucun, pas même les indociles et les paresseux ; seulement ils entendent les sons de sa clochette et sa voix courroucée qui les menace de ne rien leur laisser à la Noël suivante, s'ils ne deviennent pas sages et studieux.

La tante Arie est aussi la patronne des jeunes filles laborieuses ; elle leur apprend à filer le lin et le chanvre. Gare à celles que la paresse ou l'amour détourne du soin de leurs fuseaux ; elles sont certaines d'avoir leur quenouille emmêlée le jour du carnaval, époque de l'année où le printemps va revenir et où la saison de filer va finir.

La tante Arie était confondue avec une autre Arie ou Henriette comtesse de Montbéliard, dont la main généreuse répandit de nombreux bienfaits sur le pays de Montbéliard et de Porrentruy.

Si la tante Arie est une bonne fée, il y en a d'autres très malfaisantes qui se rendent pendant la nuit sur le sommet des montagnes ou dans les bruyères désertes pour se livrer à des rondes infernales avec les sorcières et les nains noirs. Elles jettent de mauvais sorts sur les animaux et les hommes. Les vieillards racontent le soir à la veillée une quantité de mauvais tours qu'elles ont joués aux habitants du village.

P.-E. TUEFFERD.

CHAPITRE XXII

La Révolution.

La France désirait depuis longtemps annexer le Pays de Montbéliard dont la possession paraissait indispensable à la sécurité de sa frontière de l'Est. Nos pères, d'autre part, étaient déjà Français de langue et de race. Le particularisme montbéliardais avait toujours empêché la soudure complète avec le Wurtemberg. Le duché de Wurtemberg n'était pas pour eux une patrie. La patrie, c'était « le pays ». La France exerçait une grande puissance d'attraction sur notre petit pays. Les seigneuries étaient françaises depuis 1790 et s'en trouvaient bien. La Révolution avait réparé d'abord des injustices séculaires et nos pères avaient enfin connu la liberté religieuse. Le peuple dans son ensemble ainsi qu'une partie de la bourgeoisie, désirait l'annexion. Frédéric-Eugène comprit cette situation et, dès 1792, ne se sentant plus en sûreté, il s'était retiré en Wurtemberg. Sous prétexte que le duc de Wurtemberg s'était allié aux ennemis de la France, le représentant Bernard de Saintes prit possession de Montbéliard le 10 octobre 1793.

« Je vous apporte la liberté », dit Bernard de Saintes aux maîtres-bourgeois réunis sur la place de l'Hôtel de Ville. — « Vous vous trompez, répondit le maître-bourgeois en chef Ferrand, nous la connaissons depuis longtemps ». Le vieux bourgeois disait vrai et pourtant le peuple accueillit le représentant du peuple avec joie, l'annexion s'opéra sans violence, parce que la population, dans son ensemble, sentait bien que, derrière Bernard de Saintes, si repoussant qu'il fût personnellement, il y avait un régime nouveau capable de donner à tous une liberté plus complète que les simples franchises dont les bourgeois montbéliardais avaient été jusqu'alors si fiers.

Malheureusement, à Montbéliard comme ailleurs, les hommes de la Révolution commirent des fautes et exercèrent des violences qui allaient bientôt servir le parti de la réaction. L'église du château fut profanée, les tombes des princes violées, leurs cendres furent jetées au vent. Une guillotine menaçante fut installée sur la place Saint-Martin. La France Jacobine, avec les procédés despotiques des anciens monarques et de l'ancienne église, voulut créer une France nouvelle *une* sous l'égide de la Raison. Hébert, Chaumette et leurs amis, résolurent de « déchristianiser » la France par la violence comme d'autres avaient voulu la rendre chrétienne et catholique par la force. Les églises furent fermées. Quelques-unes furent souillées par des énergumènes. Le culte de la Raison fut introduit à Montbéliard et célébré avec une pompe grotesque dans le temple St-Martin. A Héricourt, une femme de la bonne société de la ville jeta une Bible dans un feu allumé près de l'autel de la Patrie. « Erreurs honteuses, dit un historien libéral, Rougebief. On accréditait ainsi l'idée que la Révolution se constituait l'ennemie de la religion, on compromettait ainsi la cause républicaine aux yeux des masses qui voulaient être républicaines sans cesser d'être chrétiennes ».

A partir de juillet 1794, le culte public fut partout interdit. Mais les pasteurs restèrent dans leurs presbytères et continuèrent à exercer leurs fonctions. On se réunissait dans des maisons particulières, dans des granges, ces temples des mauvais jours, dans des salles d'école là où la délation était le moins à craindre. Plusieurs pasteurs furent inquiétés pour avoir continué à prêcher ou à accomplir les actes de leur ministère. Ce fut une crise douloureuse pour les faibles. Mais les Églises protestantes du pays sortirent vivantes de la tempête. Le souffle révolutionnaire ne jeta par terre que les idées et les institutions qui étaient déjà des ruines. Quand, à la fin de 1795, la Convention nationale proclama la liberté des cultes, quand les églises furent rouvertes, nos compatriotes s'y portèrent en foule.

La Révolution ne versa pas le sang à Montbéliard. Tant que le comté n'avait pas été officiellement réuni à la France, il était prudent pour Bernard de Saintes de ne pas traiter les montbéliardais comme de simples compatriotes en envoyant à l'échafaud les adversaires ou les suspects. La réunion définitive eu lieu en 1796. Par la convention de Paris, en effet, Frédéric-Eugène cédait à la France tous ses droits sur le comté de Montbéliard et les seigneuries d'Héricourt, Châtelot, Blâmont et Clémont. Montbéliard fut successivement rattaché aux départements de la Haute-Saône, du Mont-Terrible et du Haut-Rhin. Ce n'est qu'en 1816 que furent prises les dispositions administratives qui partageaient définitivement le comté de Montbéliard et les seigneuries entre les départements du Doubs, de la Haute-Saône et du Haut-Rhin. A partir de notre annexion à la France notre petit pays n'a plus d'histoire particulière et c'est à cette date que nous arrêtons notre récit. Comme le dit très bien M.

Clément Duvernoy[1], l'annexion « était un retour de nos populations à leur patrie d'origine ».

Cette annexion eut pour notre pays les plus graves résultats. « L'union politique avec la France était un fait accompli ; les lois de tolérance auxquelles notre pays n'était pas resté étranger, avaient brisé les barrières religieuses, l'ensemble administratif était constitué ; nous y avions gagné des droits plus étendus et mieux déterminés ; enfin, en partageant ses gloires, en nous associant à ses épreuves et à ses douleurs, nous avions formé avec notre nouvelle patrie, un lien de sentiment et d'affection qui désormais ne pouvait se rompre. Avec l'ancien régime avait d'ailleurs disparu tout un ensemble d'usages locaux, de réglementations particularistes, de barrières et d'obstacles apportés aux affaires qui semblaient naître à plaisir et qui n'avait en réalité d'autre résultat que d'établir de voisin à voisin une méfiance, je dirai presque une hostilité en quelque sorte permanente.

Ce n'était pas tout encore : les révolutions sont pour les peuples comme des coups de fouet qui les réveillent et les stimulent. A peine étions-nous rentrés dans le sein de la

____
[1] *Montbéliard au XVIIIᵉ siècle*, p. 486.

grande patrie française que se produisaient les grands travaux de Cuvier et de ses élèves, comme si l'épanouissement complet des aptitudes indigènes eût attendu ce moment pour se montrer dans son éclat. Dans un petit pays où l'horizon des esprits se proportionne en quelque sorte à l'horizon politique de l'État, il y a peu de place pour les conceptions d'hommes supérieurs et les intelligences ne semblent s'ouvrir qu'en raison de l'espace qui leur est offert. D'ailleurs, les grands travaux qui marquèrent la fin du XVIIIme siècle et substituèrent la science sérieuse à l'empirisme des vieux temps, joints au vaste contingent d'idées neuves qui nous arrivaient de l'orient comme de l'occident, de la France comme de l'Allemagne non moins remuées l'une que l'autre, nous étaient comme un levain qui échauffait les intelligences et en fécondait l'activité. Paris devenait non seulement notre capitale, mais comme un foyer de lumière qui attirait tous les regards. Cependant, nous aussi, nous y apportions notre rayon : en 1792, Cuvier avait publié son premier mémoire ; nos gloires devenaient celles de la France, et c'était les mains pleines que nous lui demandions accueil ».

PREMIÈRE LECTURE

POURQUOI MONTBÉLIARD A-T-IL ACCLAMÉ

SON ANNEXION A LA FRANCE

Il y a ici quelque chose qui étonne au premier abord. Un petit peuple plus heureux après tout et plus libre que bien d'autres qui se donne ainsi tout à coup à une nation qui n'est pas la sienne, il y a là quelque chose qui ne s'explique pas d'abord. Pour comprendre cette annexion si rapide, ces regrets si vite effacés, il faut se représenter ce qu'était alors la France pour l'étranger et le prestige dont elle était entourée. La France était alors pour l'étranger et pour nos compatriotes la patrie de Voltaire et de Rousseau. La patrie de Voltaire, non pas de Voltaire sacrilège qui outrageait le Christ et qui outrageait en Jeanne d'Arc l'image de la patrie, mais du Voltaire pitoyable et compatissant, du Voltaire qui avait pris entre ses genoux le jeune Calas, qui avait pleuré à son récit et qui ensuite avait soulevé l'Europe contre les persécuteurs des protestants. Personne n'était plus populaire que Rousseau, c'est-à-dire l'homme qui devant une société corrompue, gangrenée, prêchait le retour à la nature. La France de Voltaire et de Rousseau est donc pour l'étranger la nation qui s'est levée la première contre les abus. La France de 89 vient ensuite qui représente la protestation légitime d'un peuple que la monarchie d'alors a conduit à la ruine et à la faim. Il ne faut pas laisser cette idée s'obscurcir. La révolution a été la réaction du droit, la réaction de la justice. Cette réaction n'a pas été sans violence hélas, mais pour nous, nous ne pouvons ne pas voir la main de Dieu dans ce peuple de France qui se lève tout entier parce qu'il veut être libre, parce qu'il veut travailler pour lui-même, parce qu'il ne veut plus être un Samson aveugle qui travaille sous les coups des Philistins. Eh bien, c'est cette France-là, c'est la servante de la liberté et de la justice que nos pères ont accueillie. Et comment ne l'auraient-ils pas accueillie ? Français, ils l'étaient déjà par la race, par la langue, par les mœurs et les coutumes. Comment n'auraient-ils pas accueilli la liberté complète puisque leurs vieilles franchises mêmes, puisque la Réforme les avaient mis depuis des siècles à l'école de la liberté ? Saluons donc ces trois dates : 1223, nos franchises, 1524, la Réforme, 1793, notre annexion à la France : ce sont les trois étapes de nos libertés civiles, religieuses et politiques

John VIÉNOT.

DEUXIÈME LECTURE

CUVIER

Montbéliard a donné le jour à plusieurs hommes illustres. Le nom de ces hommes s'efface toutefois à côté de celui de Georges Cuvier, l'un des génies les plus profonds et les plus universels des temps modernes.

Il naquit le 23 août 1769, de parents pauvres. Sa mère le destinait, dès l'enfance, au ministère évangélique.

Il fit ses premières études au gymnase de Montbéliard ; le manque de fortune de son père, simple officier, lui enlevait l'espoir d'arriver à l'académie de Tubingue, et, dans l'incertitude où il se trouvait, il était sur le point de céder au vœu de sa mère, lorsque le duc Charles de Wurtemberg vint à Montbéliard et s'intéressa au jeune savant auquel il fit attribuer une place à l'académie Caroline de Stuttgard.

Cuvier passa quatre ans dans cette académie, et il se fit remarquer par son jugement sûr et son précoce talent. Pressé de faire choix d'une carrière, afin de soulager ses parents, il accepta, en juillet 1788, un emploi de précepteur dans une famille de Normandie. C'est là que le génie du savant naturaliste se développa ; la mer qu'il avait à ses pieds, lui ouvrant ses trésors, il s'attacha à la connaissance des animaux marins. Le hasard le mit en rapport avec M. Tessier, membre de l'académie des sciences ;

celui-ci, étonné des travaux du jeune savant, lui fit obtenir, en 1795, une chaire de professeur à l'école centrale du Panthéon.

Encouragé par ce premier succès, Cuvier s'éleva bientôt dans la sphère brillante où il était appelé.

L'Institut national ayant été créé en 1796, la réputation de Cuvier le fit appeler dans ce corps illustre, à l'âge de 27 ans ; trois ans plus tard, il en fut nommé secrétaire.

C'est vers cette époque, en 1800, que le général Bonaparte, revenant d'Egypte, fut proclamé premier consul de la république française : avide de tous les genres de gloire, il se fit nommer président de l'Institut de France ; il eut ainsi l'occasion de connaître Cuvier, et il sut bientôt apprécier le digne émule de Buffon. Cette même année, Daubenton mourut ; Cuvier lui succéda immédiatement.

Le premier consul ayant conçu l'idée d'établir, dans les principales villes de l'empire, des écoles centrales comprises dans le système universitaire, Cuvier reçut, en 1802, avec le titre d'inspecteur-général des études, l'invitation d'instituer des lycées à Marseille et à Bordeaux ; il s'acquitta de cette mission en homme éclairé et expérimenté.

Peu de temps après, il fut élu secrétaire perpétuel de la classe des sciences naturelles de l'Institut, et rédigea en cette qualité (1808), ce célèbre rapport historique sur *les progrès des sciences naturelles depuis 1789,* où, d'une main savante, l'illustre professeur trace le chemin parcouru depuis cette époque et la carrière brillante qui reste à parcourir.

Dans ce temps, utile en créations d'institutions fondamentales, l'Université de France fut définitivement établie pour régir l'instruction publique ; Cuvier fut nommé l'un des conseillers de ce corps, et, en cette qualité, organisa (en 1809 et 1811) les académies universitaires dans les provinces italiennes conquises par les armées françaises. Les règlements qu'il fit à Turin, à Gênes, etc., furent si sages et si appropriés aux besoins du pays, que la plupart des dispositions arrêtées par lui ont survécu à la chûte de l'empire français. Il remplit une semblable mission en Hollande, avec un égal succès. Il fut encore envoyé à Rome en 1813 pour le même objet et s'acquitta de cette mission délicate de manière à mériter l'estime de toutes les classes d'habitants de cette capitale.

Les observations qu'il fit sur les hommes et sur les choses dans ces divers voyages, l'élevèrent à la connaissance de tous les éléments de la science de gouverner, et Napoléon l'appela au Conseil d'État, en qualité de maître des requêtes.

La chûte de l'empire, en 1814, les révolutions qui survinrent en 1815 bouleversèrent les institutions de l'Université ; il fallut tout reconstruire. Une commission provisoire d'instruction publique fut créée et Cuvier fut appelé dans son sein.

Quelques années après, en 1818, Cuvier fit un voyage en Angleterre et il apprit, étant à Londres, qu'il était nommé membre de l'Académie française.

En 1819, il fut nommé président de la section de l'intérieur au Conseil d'État, et reçut du roi Louis XVIII le titre de baron, pour prix de ses longs services.

En 1824, le conseiller d'État baron Cuvier fut chargé des cultes non catholiques.

A la Révolution de juillet 1830 ses talents supérieurs le maintinrent dans les conseils et en 1831 il fut appelé à la Chambre des pairs.

A l'époque de ses brillants succès, il épousa une femme digne de sa constante affection ; elle lui donna quatre enfants, qu'il eut la douleur de voir tous mourir avant lui ; il s'enfonça dans ses études favorites pour calmer ses peines profondes, mais cette douleur concentrée altéra en lui les sources de la vie.

Il continuait néanmoins ses savantes leçons avec son zèle accoutumé. Sa leçon la plus brillante fut la dernière que ses forces épuisées lui permirent de donner ; c'était le 8 mai 1832, il ouvrait son cours sur l'*Histoire des sciences naturelles,* et jamais il n'avait parlé d'une manière aussi élevée, aussi animée et aussi persuasive ; ses élèves, en le quittant, se félicitaient de l'entendre à la prochaine leçon, et déjà les symptômes de la maladie qui devait trancher ses jours se manifestaient ; ils ne devaient plus revoir l'illustre professeur. Atteint subitement d'une paralysie qui attaqua d'abord le larinx il vit sans effroi la vie s'éteindre successivement en lui, et, malgré les secours de l'art, il rendit l'esprit le 13 mai, après cinq jours de maladie, avec la tranquillité, la sérénité d'un homme de bien, en regrettant, comme le célèbre Lavoisier, de quitter la vie avant d'avoir terminé plusieurs ouvrages auxquels il attachait une grande importance. Il était à peine âgé de 62 ans.

Les ouvrages que Cuvier a laissés suffiraient pour illustrer plusieurs savants. On a de lui :

1° *Un tableau élémentaire de l'Histoire naturelle des animaux*, 1798-1799. In-8°, peu commun dans le commerce.

2° *Discours sur les Révolutions de la surface du globe*, etc., ouvrage d'un rare mérite ; il a eu cinq éditions, la dernière a paru en 1818. In-8°.

3° *Recherches anatomiques sur les ossements fossiles des quadrupèdes*, 1812 ; 4 vol. in-4°. Ouvrage traduit dans presque toutes les langues de l'Europe.

4° *Leçons d'anatomie comparée*, 1800-1805. In-8°.

5° *Extrait d'un ouvrage sur les espèces de quadrupèdes dont on a trouvé les ossements dans l'intérieur de la terre*. An IX.

6° *Le Règne animal distribué d'après son organisation, pour servir de base à l'histoire naturelle des animaux et d'introduction à l'anatomie comparée*. 4 vol. in-4°., etc.

TROISIÈME LECTURE

BERNARD DE SAINTES A MONTBÉLIARD

A Montbéliard, sans doute parce qu'il ne se trouve pas en face d'anciens français, Bernard est moins terrible. Il préside les fêtes décadaires au temple de la Raison, il substitue à ses prénoms ceux de *Pioche-fer,* qui dans le calendrier républicain avaient remplacé ceux d'André-Antoine ; dans le même esprit, il change les noms des rues, des monuments et des places. Le château s'appellera « la Montagne » ; la place devant l'Hôtel de ville « place de la Révolution » ; la rue au-dessus du collège « rue des Sans-Culottes ». Il cherche à faire disparaître tout vestige du passé, et, pratiquant le vandalisme révolutionnaire, il ordonne de détruire les portraits des despotes et de brûler les titres féodaux et les titres de noblesse. Il essaie de flatter les sentiments de la classe pauvre, fort malheureuse à cette époque, en défendant aux boulangers « de cuire des pains au lait ou autres espèces de pâtisseries quelconques, sous peine d'amende et de confiscation au profit des pauvres ». Cette mesure était prise pour vexer les gens aisés, car cette abstinence qu'il imposait aux autres, il ne la pratiquait guère. Il réquisitionnait pour sa table « le meilleur vin rouge » ; il se rendait souvent en partie de plaisir à Audincourt où il était reçu par le citoyen Rochet. Celui-ci faisait le révolutionnaire. Bernard le récompensa de ses bons offices et lui solda largement ses dépenses en victuailles et en bon vin, en lui permettant de faire réquisitionner par les municipalités les bois nécessaires à ses hauts fourneaux et les subtances propres à la nourriture de ses ouvriers.

Appliquer les lois de la convention sur la levée des hommes de dix-huit à vingt-cinq ans et sur le maximum, mettre en vigueur, les différentes mesures prises contre la religion, telle fut la seconde partie de la mission de Bernard. C'est ainsi qu'il ordonne de détruire tous les signes extérieurs du culte, dépouille les églises d'une de leurs cloches et réclame la remise entre ses mains, des vases sacrés en or et en argent. Il permet aux habitants d'échanger les calices contre du numéraire ; il donne lui-même l'exemple et « sans craindre le châtiment céleste, il boit dans cette coupe jadis divine » ; de cette façon, ajoute-t-il, « la coupe consacrée jadis à l'imposture, sert à porter des santés à la république et à ses défenseurs ».

Armand Lods.

QUATRIÈME LECTURE

ARRESTATION DU PASTEUR PERDRIZET

1794

Un dimanche de l'automne de 1794, à la sortie du service divin, les paroissiens de Vandoncourt (dépendant du district de

St-Hippolyte comme appartenant au canton de Blamont, Doubs)
voient arriver inopinément dans leur village deux gendarmes,
dont la présence les remplit aussitôt d'inquiétude et d'effroi. Ils
sont chargés de mettre en état d'arrestation le ministre du lieu
J.-C. Perdrizet, comme coupable d'infraction aux ordres formels
de l'autorité en continuant à remplir des fonctions pastorales.
La nouvelle s'est à l'instant répandue dans l'endroit et aussitôt
les habitants de s'attrouper, de se concerter et de menacer de
s'opposer par la force au départ de leur pasteur, au point que,
pour éviter une collision imminente, celui-ci est obligé de s'in-
terposer et de promettre aux agents de la force publique qu'il se
rendra de lui-même devant ses juges pour répondre à l'accusa-
tion dont il est l'objet. Les gendarmes cèdent d'autant plus
volontiers qu'on doit traverser, pour se rendre au chef-lieu du
district, le village d'Hérimoncourt, filiale de Vandoncourt, et
qu'il est à craindre que la vue de la victime, marchant à leur
côté comme un malfaiteur, ne soulève les mêmes protestations
indignées et ne provoque la même conjuration de la part des
habitants. J.-C. Perdrizet, fidèle à sa promesse, se rend librement
à la sommation du tribunal révolutionnaire qui siège à Saint-
Hippolyte et dont il connaît les procédés expéditifs autant que
rigoureux. La situation est des plus graves, deux curés de la
montagne, récemment saisis et incarcérés pour le même motif
que le prévenu, viennent, après un jugement sommaire, d'être
condamnés à mort et exécutés sans miséricorde. Le ministre,
sans trop s'intimider, paraît à la barre du tribunal, et toute sa
défense consiste à exhiber le sermon qu'il a prêché le jour de
son arrestation et qui n'a rien de factieux. Trois juges sont
présents et vont décider de son sort. L'un opine pour la culpa-
bilité et les deux autres se prononcent pour l'acquittement.
L'accusé est immédiatement remis en liberté à la grande joie de
tous ceux qui le pleuraient déjà comme mort.

Ch. Roy.

CINQUIÈME LECTURE

LES PROTESTANTS DU CANTON D'HÉRICOURT

Voici le témoignage qu'un auteur catholique rendait, en 1815, aux habitants du canton d'Héricourt.

« C'est aux protestants que le canton d'Héricourt doit le développement de son industrie manufacturière. Ce sont encore, après les anabaptistes, qui de tous nos laboureurs, portent dans les divers travaux de l'agriculture le zèle le plus éclairé. Presque tous les protestants cultivateurs ont un métier à côté de leur train de labourage ; et leur surveillance divisée n'en est pas moins active, moins soutenue.

Dans leurs relations agricoles ou commerciales ils montrent beaucoup de franchise et de bonne foi. Il n'ont pas cette lenteur oisive qu'on trouve à regret dans la masse des habitants de nos campagnes. Ils sont laborieux, tempérants, économes et néanmoins très charitables. Le pauvre ne s'arrête pas à leur porte sans recevoir le tribut sacré de la pitié, souvent même de l'hospitalité.

Ils mettent, dès le bas âge, leurs enfants au travail : principalement au tricotage, à la filature, au cardage des cotons et des laines, etc. L'étude du plain-chant fait partie de l'étude primitive des deux sexes. On en sent tout l'avantage quand on assiste aux cérémonies religieuses ou aux prières de famille. Tous les offices commencent et finissent par des psaumes chantés en chœur. Cette harmonie vocale offre des accords agréables dont on n'a aucune idée dans nos églises.

Les protestants de l'Allemagne et de ceux de la Saxe, ce berceau du luthéranisme, ont conservé un grand nombre de rits qui appartiennent à l'Église romaine ; ceux de la Haute-Saône, à l'exemple des réformés de Genève, les ont presque tous rejetés. Parmi ceux qu'ils observent fidèlement, on distingue le mariage et les funérailles par des singularités qui méritent d'être connues.

Les époux se rendent au temple avec un cortège nombreux qui marche au son de quelque instrument. Après la cérémonie, on les conduit dans une auberge où le festin nuptial les attend. A peine est-on à table, qu'un des convives se lève, frappant l'un contre l'autre deux plats d'étain : à ce signal chacun va déposer dans les plats son *étrenne* qui consiste en quelques pièces d'argent. Le taux ordinaire est de dix à vingt francs.

Les filles ne sont point invitées à ce repas, mais seulement à celui des deux jours qui précèdent la cérémonie. Elles ne sont pas pour cela exemptes des *étrennes*. Chacune donne ordinairement trois francs.

Les garçons seuls n'étrennent point ; au contraire, ce sont eux qui reçoivent leurs étrennes des fiancés. Elles sont de trente à quarante francs, sur quoi ils doivent pourvoir aux rafraîchissements du bal et à d'autres faux frais ; de sorte que l'invitation d'aller aux noces d'un parent ou d'un ami est une espèce d'impôt que les jeunes époux prélèvent sur l'amitié.

Disons un mot des funérailles : l'enterrement est toujours suivi d'un repas que les héritiers donnent au cortège. Ce repas qui se rapporte à l'*epulum ferale* des Romains, se prend ordinairement à l'auberge. Les ministres sont tenus d'y assister. Ils président également aux repas des baptêmes et des mariages. Voilà tout leur casuel. Mais ils ne contribuent pas aux étrennes. Ces hommes pieux que la jeunesse craint et respecte, semblent être appelés autour d'elle pour imposer un frein aux excès auxquels elle pourrait s'abandonner.

Tous ces repas se font sans somptuosité. Le luxe ne s'est point introduit chez ce peuple ; cependant autrefois toutes les femmes protestantes n'avaient pour coiffure qu'un simple carton coupé et arrondi qu'elles couvraient d'un crêpe noir : on l'appelait *calot*. Aujourd'hui ce ne sont que les femmes âgées qui le portent ; mais toutes ont conservé l'usage de se vêtir en habits noirs ou bruns d'une étoffe fabriquée au village ».

J.-A. MARC.

SIXIÈME LECTURE

INTRODUCTION DE L'INDUSTRIE DANS LE PAYS

DE MONTBÉLIARD

A part l'établissement, à Audincourt, des forges, dont la marche était assurée, tant par la rencontre d'un gisement minier d'une qualité supérieure, par l'abondance du combustible fourni par nos forêts que par le secours, comme force motrice, d'un excellent cours d'eau, à part cet établissement, remontant au commencement du XVIIme siècle, mais qui ne prit de développements marquants qu'au XVIIIme, l'industrie pendant longtemps ne fut pas heureuse chez nous. Les barrières douanières qui nous environnaient y étaient sans doute pour beaucoup, une réglementation abusive du travail n'y était pas étrangère non plus. A Montbéliard, fonctionnait cependant une imprimerie, des tanneries, des faiseurs de bas au métier y étaient établis. Dans le vallon de Glay étaient plusieurs papeteries, mais ce n'était pas important. En juin 1764, Georges-Samuel Sahler, bourgeois de Montbéliard, obtint un privilège de douze ans pour établir, à Montbéliard, une manufacture *de filage et tissure de coton.*

Nous sommes réduits aux conjectures quant aux capacités créatives, administratives et commerciales que possédait Sahler. Mais il est certain qu'avec les entraves qui étaient apportées au travail au moment où il vivait, les conditions étaient mauvaises pour les novateurs. Sa tentative ne fut pas heureuse, il n'eut pas le succès qu'il espérait !

Nous devons attendre l'avènement du présent siècle, avec les libertés plus grandes qu'il apportait, pour voir décidément prospérer l'industrie dans cette contrée. A ce moment, MM. Japy, à Beaucourt, Peugeot dans la vallée d'Hérimoncourt,

MM. Sahler (petits-neveux du précédent), à Montbéliard, Méquillet et Noblot, à Héricourt, furent les premiers créateurs d'industries ayant apporté l'aisance et la richesse dans ce pays de Montbéliard. Leurs successeurs en ligne directe sont encore sur la brèche et ont trouvé de nombreux imitateurs.

Léon Sahler.

SEPTIÈME LECTURE

L'INDUSTRIE HORLOGÈRE

L'industrie horlogère, actuellement la plus importante du pays de Montbéliard, y a pris naissance à la fin du XVIIIme siècle. Avant cette époque, quelques maîtres horlogers, la plupart Suisses d'origine, avaient organisé, à Montbéliard même, des ateliers dans lesquels, aidés d'un petit nombre d'ouvriers et d'apprentis, ils fabriquaient des pendules et surtout des montres qui avaient une certaine réputation. Ces modestes artisans avaient assez développé leur production pour que le prince Frédéric-Eugène eût songé à les organiser en corporation à l'exemple des autres corps de métiers de la ville, mais les évènements de 1793 l'empêchèrent de donner suite à son projet. Du reste, aucun de ces anciens ateliers ne peut être qualifié d'entreprise industrielle. Leurs méthodes de travail, ainsi que le genre de montres à roue de rencontre qu'ils construisaient ne leur permirent pas de lutter contre les produits plus perfectionnés et économiques fabriqués en usine ; et tous ou à peu près disparurent dans le premier quart du XIXme siècle.

Le fondateur de l'industrie de l'horlogerie dans le Pays de Montbéliard est Frédéric Japy, né en 1749, fils d'un maréchal-ferrant de Beaucourt. Après deux ans d'apprentissage au Locle, il revint organiser, dans son village natal, un atelier pour la fabrication des ébauches de montres. Bientôt son local était devenu insuffisant il transporta son établissement chez ses beaux-parents, à la Grange-la-Dame, près de Montbéliard. Au bout de deux ans ses affaires étaient suffisamment prospères pour lui permettre de construire, à Beaucourt, une véritable usine. Le développement très rapide pris par cette industrie nécessita de nombreuses machines et tout un outillage que Frédéric Japy, aidé de quelques mécaniciens qu'il avait formés lui-même créa de toutes pièces. Grâce à son habileté en mécanique et à son énergie persévérante le succès couronna ses efforts qui paraissaient à l'époque assez téméraires et lorsqu'en 1806 il plaça ses fils à la tête de son industrie, la réputation et l'importance des fabriques de Beaucourt allaient sans cesse grandissantes. C'est ainsi que fut créée, il y a près de cent ans, la société Japy frères, devenue célèbre dans le monde entier

Lors de l'invasion du Pays de Montbéliard par les alliés, en 1815, la manufacture de Beaucourt fut entièrement brûlée, les bâtiments, les machines, les produits fabriqués, tout fut anéanti. Mais les frères Japy, dignes successeurs de leur père, sans se laisser abattre par l'adversité, reconstruisirent leur usine sur une plus vaste échelle et en quelques mois eurent réparé les pertes et le dommage causés par les envahisseurs. Quinze ans auparavant Frédéric Japy avait acheté le moulin de Badevel et y avait installé une fabrique de mouvements de pendules construits par des procédés analogues à ceux employés pour les ébauches de montres, cet établissement eut un développement aussi rapide que ceux de Beaucourt.

Par la suite d'autres industries furent créées soit à Beaucourt même, soit dans les villages avoisinants par la société Japy frères. Tout en développant l'horlogerie, gros et petit volume, la fabrication des montres et des pendules finies et emboîtées aussi bien que des ébauches et des mouvements, on organisa des usines où se font encore aujourd'hui la casserie, les ustensiles en fer battu, la serrurerie, la visserie, la quincaillerie, etc. Les premiers établissements de Frédéric Japy avaient un caractère patriarchal. Lui et sa femme prenaient leurs repas en commun avec leurs ouvriers et ouvrières. Peu à peu, par suite de l'augmentation du nombre de ces derniers et de l'évolution générale des mœurs, les rapports se modifièrent, mais les Japy témoignèrent de tous temps la plus grande sollicitude envers leurs ouvriers, les nombreuses œuvres philanthropiques qu'ils ont créées et largement subventionnées en sont la preuve.

Les fabriques de Beaucourt n'étaient cependant pas les seules à représenter l'industrie horlogère. Déjà en 1790, la fabrication des outils d'horlogerie avait été commencée à Montécheroux par un Suisse nommé Brand. Dans la montagne, bon nombre d'horlogers fabriquaient des ébauches de montres et de pendules dans de modestes ateliers de famille. Les penduliers de Trévillers entre autres avaient acquis un certain renom.

C'est là que les fabriques de ce genre qui se créèrent à Montbéliard recrutèrent à l'origine une partie de leur personnel. La première en date est celle fondée en 1823 par un habile mécanicien, d'origine Corse, nommé Vincenti. Après avoir fait son apprentissage en Suisse il fabriqua, pendant quelque temps, des montres à répétition chez les Japy, à Badevel, puis vint s'installer dans le château de Montbéliard où il confectionna un outillage complet pour la fabrication des mouvements de pendule. Après quelques années difficiles il s'associa, en 1828, avec M. Albert Roux, et peu de temps après l'usine fut transportée à la Prairie où elle fonctionne encore aujourd'hui. Vincenti, mort prématurément en 1833, n'eut pas le temps d'assister au développement et à la réussite de l'œuvre qui lui avait coûté tant d'ingéniosité et de persévérance.

De son côté, en 1834, un nommé Moser achetait l'outillage d'un petit atelier de pendulerie situé à Exincourt et s'établissait à Montbéliard. Il eut, pour associé et successeur, M. Marti, dont les affaires conservent aujourd'hui l'extension qu'elles prirent très rapidement.

A Seloncourt, les frères Beurnier possédaient un établissement qui, en 1820, occupait déjà plus de 120 ouvriers; la fabrique Villequier date à peu près de cette époque. Tout à côté, à Berne, M. Louis Japy créa un important établissement, indépendant de la société Japy frères, qui n'eut pas moins de succès que les précédents.

A l'heure actuelle, l'industrie horlogère est représentée dans un grand nombre de localités du pays. En dehors des principaux centres de Beaucourt et des dépendances, Montbéliard et Seloncourt, dont les fabriques de montres et de pendules sont aujourd'hui nombreuses, il existe des usines à Sainte-Suzanne, village rendu célèbre par les boîtes à musique fabriquées par MM. L'Épée ; à Vieux-Charmont, à Hérimoncourt, Meslières, Glay, Pont-de-Roide, Champey, etc., sans parler du plateau de Maiche qui au point de vue historique ne fait pas partie du Pays de Montbéliard, mais dont une bonne partie de la population est occupée aux travaux d'horlogerie. Notre région produit principalement des ébauches de montres et des montres finies à boîtes en métal et en argent, en général peu coûteuses, laissant à nos voisins de Besançon leur spécialité des montres de luxe en or, des mouvements de pendules à l'état d'ébauche ou finis, des porte-échappements, etc. L'ensemble de cette industrie occupe aujourd'hui dans l'arrondissement de Montbéliard et à Beaucourt environ 12.000 personnes et la valeur de la production annuelle est estimée à 10 ou 12 millions de francs.

Albert Roux.

HUITIÈME LECTURE

LES RÉSULTATS DE L'INDUSTRIE

L'industrie, non pas l'industrie cotonnière seulement, mais celle-ci en a sa part, a, dans un espace de cent ans, tranformé notre contrée montbéliardaise. Examinons les changements qui se sont produits :

En première ligne, ce qui saute aux yeux, c'est la diffusion du bien-être. Si l'argent a perdu beaucoup de son pouvoir d'achat, il est plus abondant et plus généralement réparti. Aussi vit-on plus largement. Les indigents, ceux qui uniquement pour des raisons spéciales d'âge, de santé, de charges nombreuses, sont hors d'état de pourvoir complètement à leurs besoins, ne sont plus qu'une petite minorité.

Ainsi, au point de vue de la nourriture, chapitre pour lequel je vais entrer dans des détails, vulgaires peut-être, le vin, la viande, je l'ai déjà dit, c'était un grand luxe. Très peu d'ouvriers s'en privent d'ordinaire actuellement. Le repas de midi, pour nos anciens bourgeois, même les mieux rentés, consistait en une soupe et un morceau de bœuf bouilli. Le soir, le souper était très frugal. Maintenant, nos marchés, plusieurs fois par semaine, sont approvisionnés toute l'année de primeurs, de légumes frais, de fruits divers, même de poisson de mer et d'une infinité de denrées, fort rares autrefois, mais dont aujourd'hui aucune classe de la population ne se prive entièrement. Le thé s'est beaucoup démocratisé et l'usage de cette excellente boisson se généralisera encore avec un abaissement de droits sur le sucre.

Par contre, ce que l'on consomme beaucoup moins que jadis, ce sont les légumes secs, excellente nourriture, et à côté de cela, je vais citer trois disparus, les *quartiers*, les *gaudes* et la *moisse*.

Les quartiers étaient des fruits séchés au four pour l'hiver, on les mangeait au lard ou avec des boulettes de farine. Acide ou douceâtre, c'était, suivant les goûts, horrible ou délicieux.

Les gaudes, ou farine de maïs, se cuisaient à l'eau. Aujourd'hui on trouve ce mets trop ordinaire, il n'est plus en usage.

La moisse était une confiture sans sucre. On l'obtenait en faisant cuire à petit feu dans une grande chaudière, pendant douze heures au moins, des fruits de toute nature qui formaient ainsi une masse gélatineuse. Maintenant le temps est trop précieux, le bois trop cher et le sucre à trop bas prix pour qu'on fasse encore de la moisse.

Dans un autre domaine, l'étranger qui nous visite pour la première fois est frappé de l'air d'aisance de nos villages petits et grands, de la bonne ordonnance des constructions malgré leur défaut d'alignement, chacun construisant à sa guise. Les logements partout ont gagné, ils se sont agrandis, élevés et assainis.

Mais où le changement d'aspect est encore plus sensible, c'est dans l'habillement. Il faut remarquer que le progrès, ici, est dû de toutes façons à la manufacture. Non seulement les gains qu'elle fournit aux ouvriers leur donnent la faculté de se vêtir d'une façon confortable et décente, de renouveler en temps utile leur garde-robe, mais encore par les progrès de fabrication qu'elle a réalisés, les étoffes, que la machine à coudre confectionne avantageusement sont à bas prix.

Touchant exemple de fraternité, qu'on voudrait voir se manifester dans tous les domaines, nous sommes aujourd'hui tous en paletots : l'ouvrier délaisse l'antique blouse et le bourgeois sa redingote, de sorte que chacun est vêtu pareillement. De même, il est difficile souvent de distinguer dans la rue, l'ouvrière endimanchée d'une personne de condition plus aisée.

Une remarque à faire encore est le fréquent emploi, aujourd'hui, des moyens de locomotion.

Les chemins de fer, qui n'existaient pas alors, transportent aujourd'hui, de même que nos tramways, les jours où on chôme, des milliers de voyageurs. Les bicyclettes sont légion, beaucoup s'en servent pour se rendre au travail.

Allons au devant d'une objection possible : On avancera peut-être que l'auteur estime ici que, dans notre société, tout est pour le mieux, on l'accusera de ne pas s'enquérir des souffrances qui peuvent l'entourer, on dira que celles-ci le laissent indifférent, que, suivant lui, aucune réforme n'est à tenter, aucun progrès à réaliser. Telle n'est pas sa pensée. L'exposé qui vient d'être fait n'a qu'un but : placer toute chose sous son vrai jour, dresser un bilan sincère et véritable alors que tant d'autres — involontairement peut-être — en faussent les données et, à la suite, présentent des solutions aventurées.

Léon SAHLER.

CONCLUSION

La leçon de l'histoire.

Ce n'est jamais sans profit que l'on se re-
tourne vers le passé. A celui qui sait l'inter-
roger, le passé fait toujours entendre sa grande
leçon. L'histoire, c'est la grande science qui
mûrit et qui enseignera toujours plus la tolérance et la charité. Qui donc a parlé des hai-
nes fécondes ? Cet adjectif savoureux ne va
pas avec la haine. Ce qui est fécond, c'est
l'amour. Regardez la nature, regardez l'homme, regardez l'artiste, regardez le travailleur
et vous répéterez : ce qui est fécond, c'est
l'amour. L'artiste est fécond parce qu'il aime,
parce qu'il a les yeux tout ravis et charmés
des belles et douces choses, qu'il s'efforce en
hâte de reproduire par le ciseau ou le pinceau.
Le travailleur est fécond quand il aime son
champ de travail ; plus il l'aime et plus il le
fouille profondément. Tout ce qui est sain,
tout ce qui est vivant est fécond. Mais l'indif-
férence inerte est stérile, mais la haine est
stérile. Et ce que ma raison conclut, l'histoire
me l'enseigne. A travers ses pages souvent si
tristes et sanglantes, je distingue cette grande

vérité : Tout ce qui s'est fait de grand et de durable parmi les hommes, s'est fait, non par la haine, mais par la coopération, par la solidarité, par l'amour. C'est l'histoire qui a versé dans mon esprit cette conviction sans cesse grandissante : le progrès humain, l'ascension continue de l'homme vers le mieux, vers le bien-être, vers la vérité, vers la justice, se fait et se fera, non par des révolutions sans cesse suivies de réactions inévitables, mais par l'évolution sereine et pacifique, en un mot, par l'amour.

Comment les peuples périssent [1].

Les peuples périssent par cette progression fatale : l'athéisme, l'égoïsme et le néant.

A qui ai-je emprunté ces mots, à quel clérical attardé ? à Robespierre et jamais ce sombre et énigmatique génie n'a dit plus vrai. Regardez. Quand le XVIIIme siècle a-t-il péri ? Quand il s'est lassé de Voltaire et de Rousseau qui croyaient en Dieu, quand il est devenu athée. Oui, la fin du XVIIIme siècle est athée. Les écrivains, les gouvernants, les gouvernés,

---

1 Extrait d'un discours prononcé, en 1893, aux fêtes du Centenaire de la Réunion de Montbéliard à la France.

les membres du haut clergé, tout ce monde est athée et tout ce monde est effroyablement égoïste. Quand la Révolution menace déjà, personne ne veut faire des réformes, des économies qui nourriraient le peuple. Les grands seigneurs veulent économiser sur le clergé, le haut clergé sur les grands seigneurs et c'est alors que vient la Révolution qui les balaye tous. Et la Révolution elle-même comment a-t-elle péri ? Qui l'a tuée ? Est-ce la coalition qui l'a tuée ? Non, elle a vaincu la coalition. Est-ce la Vendée qui l'a tuée ? Non. Elle a vaincu la Vendée. Elle a péri, elle est venue échouer sous la férule de Bonaparte quand elle s'est lassée des Mirabeau, des Rabaut Saint-Etienne, des Grégoire qui croyaient en Dieu, elle a péri quand elle a été entre les mains des athées, quand ses chefs n'ont plus cherché que leur intérêt et leur salut et non plus celui du peuple et de la France. C'est alors que le peuple lassé d'eux leur a préféré la rude main de Napoléon.

En 1794, la commune de Montbéliard avait délégué à Paris deux de ses membres les citoyens Berger et Rossel pour demander l'annexion définitive à la France et le retrait d'une mesure trop sévère de Bernard de Saintes. Berger et Rossel étaient surveillés par la police et on a retrouvé un rapport qui les concerne. L'homme qui les surveillait a entendu Berger dire avec vivacité : « Nous ne pouvons pas rester comme cela, il faut une religion pour le peuple ». Que signifie cette parole ? Veut-elle dire qu'il est bon pour ceux qui gouvernent de maintenir le peuple dans je ne sais quelle servitude religieuse ! Oh alors je proteste contre ce mot orgueilleux et faux, contre ce mot impie. Mais ce n'est pas cela que ce mot signifie. Il veut dire qu'une nation ne peut vivre sans Dieu. Une nation athée doit être menée par un despote ou bien, si elle est libre, elle sera en proie à tous les désordres des passions et des intérêts en lutte. Sans Dieu, l'idée du devoir ne repose plus sur rien. Voyez où veulent nous mener nos athées d'aujourd'hui, plus de Dieu, plus d'autorité quelconque, plus de famille — libre amour — plus de patrie même, plus que les jouissances de l'individu : vous le voyez, c'est toujours la même progression logique l'athéisme, l'égoïsme et le néant.

Vœux pour le Pays.

Nous avons parlé, dans ce petit livre, du passé de ce pays que nous aimons tant. Oui, nous aimons ce pays — simplement — comme des enfants aiment leur mère, nous aimons nos forêts, nos prairies, nos collines ondulées, nos montagnes si douces avec leurs formes si paisibles ; nous aimons notre peuple, comme on aime ses frères, avec leurs qualités et leurs défauts, nous aimons son esprit d'indépendance, de liberté, de courageuse initiative personnelle. Et comme nous aimons ce pays nous aimons la France, nous aimons sa nature généreuse, sa passion de la justice et de la liberté, nous aimons la France qui voudrait aujourd'hui se passer de Dieu et qui ne le peut pas, puisque croire au Bien, au Droit, à la Justice, c'est encore croire en Dieu. Devant l'avenir de notre pays et de la France, devant tant de questions qui nous préoccupent, devant la jeunesse qui sera la France de demain, notre cœur s'émeut aussi.

Nous sommes ambitieux pour la France de demain. Nous la voulons rayonnante de force et de beauté et nos ambitions pour elle, nos rêves de justice, de fraternité, de liberté, de prospérité spirituelle et matérielle, nous traduisons tout cela par cette ardente prière : Que Dieu bénisse ce cher pays, que Dieu bénisse la Patrie bien-aimée !

TABLE DES MATIÈRES